心理学宇宙系列

话题终结星人自救指南

心理学让你学会高情商沟通

吴晓磊 著

中国法制出版社
CHINA LEGAL PUBLISHING HOUSE

前言 Preface

其实，我们每个人都拥有自己的王国，并且是这个王国的国王。在这个王国里，我们的躯体、行为、情绪都是这个王国的成员。并且，我们还希望身边的每一个人都服务于我们这个国王，听我们的指挥，以我们的意志为意志。

但是这怎么可能呢？你是自己王国的小国王，其他人也是自己王国的小国王啊。

如果大家各自为政，独立为王就好了。正如郭敬明在《梦里花落知多少》里所说的一样："每个人都是一个国王，在自己的世界里纵横跋扈，你不要听我的，但你也不要让我听你的。"

但是这也不可能呀，因为其他国家的国王，是我们身边的伴侣、父母、孩子、朋友……我们不可避免地要与这些"国王"打交道。

也许这就是我们不顺心、不开心的原因，因为总有"国王"不按照我们的意愿行事，也总有人侵犯我们王国的成员，使得我们的躯体、行为、情绪不受控制。于是，为了保护我们王国的成员，我们开始向其他人宣战。

战争开始了，我们王国的成员之一——情绪，变得更加情绪化，甚至不再听我们的，它犹如一匹脱缰的野马，时而愤怒，时而沮丧，时而悲伤，时而指责，时而绝望……不仅把别人的领地践踏得一片狼藉，也让我们的躯体变得不适，让我们的行为变得古怪。

我们该如何自救？该如何与其他的“国王”相处？

是的，你的王国需要加入一个大总管——情商，并且是高情商。

它有什么作用呢？很多人一听，心里想的是：太好了！它可以管理我们的情绪了！

真的是这样吗？

有了高情商，我们就可以开开心心地去上班，高高兴兴地去约会了吗？

有了高情商，我们就再也不会生气、愤怒、绝望、沮丧了吗？

有了高情商，我们就能和其他人手拉手、心连心了吗？

不是这样的。

情绪不是洪水猛兽，它也不会在“高情商”的管理下消失或按兵不动，它一直存在。

情绪更不是我们的敌人，它是我们王国的成员之一呀。你忘了，除了那些坏情绪，还有愉悦、兴奋、幸福等美好的情绪和我们共存呢。它会顺着血液、循着脉络，遍布我们的全身。在眼睛里，我们看到了它；在行动上，我们感觉到了它；在声音里，我们听到了它……有了它的存在，我们才像一个活生生的人呢。

所以，情商存在的意义，是为了让每一个人认清情绪的存在，承认自己的情绪，学会与情绪共处，并跟别人的情绪好好相处。

所以，请跟我一起翻开这本书，我们将学会跟自己对话；学会认知自己的情绪，表达自己的情绪；学会舒服地做自己，痛快地做自己；学会识别他人的性格特性，与他们的情绪相处；学习各种我们熟悉的心理、态度及思维上的误区……

本书一共有九章。各章的每一小节，都能解决一个我们可能已经遭遇到却没有留意到的问题；每章的末尾，都有一个心理小测试，能帮助我们多一个角度来认识自己，需要注意的是该测试并非专业的心理测试，测试结果仅供参考。

最后，要对刘丽老师表示感谢，是在她的一并努力下，本书才得以尽快写作完成；另外，于富荣、于福莲、曹烈英也对本书的写作提供过帮助，在此一并表示感谢。

目录
Contents

第一章　顺畅沟通，从破除心理障碍开始

第二章　自信表达，形成独特沟通风格

第三章　顺利破冰，一开场就要“心心相吸”

第四章　心领神会，逐渐掌握沟通的主动权

第一章

顺畅沟通，从破除心理障碍开始

心理障碍：让你成为“话题终结者”的根本原因

先来看看日常生活中的三则对话：

A.你吃饭了吗？

B.吃了。

A.昨天看了一部国产电影，还真不错。

B.啥？国产电影有啥好看的，都商业化。

A.今天出去游玩真是太开心了。

B.那又怎么样，明天你还不是照样得工作。

发现了没有，这三个对话的结果就是让人根本聊不下去。那么生活中你遇到过类似“B”这样的“话题终结者”吗？或者，你自己就是一个“话题终结者”？无论怎样，遇上话题终结者，除了尴尬，还是尴尬，他们常常会把天聊死。

无论是在学习、生活还是职场中，一名“话题终结者”往往都是不受欢迎的，会遭到周边人的排斥，这对自己的人际交往是极其不利的，会影响工作与生活。那么，如何来破解“话题终结者”这个魔咒呢？首先得寻找让你成为“话题终结者”的根本原因。

从心理学角度来分析，“话题终结者”身上或多或少有如下特质：

1.被动沟通

这种类型的人在生活中非常被动，不主动与人沟通，也不主动向人倾诉，什么事都藏在心里，对于别人的问话，通常是只言片语就打发了。看似用了一种不拖泥带水的方式解决了问题，但实际上却把“冷漠”和“否定”的态度传递给了对方，这是对双方关系的一种伤害。但是仔细分析这类人，他们内心很可能缺乏安全感，也很想把话题接下去，但是不知道如何开口，也找不到接话题的内容，于是干脆选择闭嘴。

2.喜欢抬杠

这种人是生活中的“杠精”，与人交谈时，他们总是不分时间、地点和场合，用自以为是的、非客观的观点来反驳别人。简而言之，就是以自我为中心来评判一切。这种人不懂得换位思考，缺乏共情能力。说难听点，就是情商低。

3.负面传递

这种人在与他人交流中总是无视对方兴奋、激动或高昂的情绪，给对方泼冷水，传达消极与负面的情绪，以至于经常让对方产生疲劳感与挫败感。

如果自己身上出现了上述某个特质，就一定要改正。你在回复他人之前，可以先在脑海中思考一下，想想这样回答是否合理，然后再说出来，而不是凭直觉想说什么就说什么。

当然，为了避免一问一答式冷场，并增加与对方交流的时间，衍生出不同的话题，我们可以尝试以下四种沟通技巧：

- **肯定+反问**

A.听说你很喜欢旅游？

B.是的。你有好的旅游景点推荐吗？

（反问，让话题延续下去。）

- **拒绝+反问**

A.嘿，这个周末我们一起去看电影好吗？

B.不好意思，我没空。我记得你平常周末都要去健身的，怎么突然有空了？

（反问，让拒绝变得不那么生硬。）

- **否定+解释**

A.现在有空吗？帮我设计一张图吧。

B.抱歉，我没空。我正在忙着设计一个企业画册，明天就要印刷，你问问别人吧。

（解释，让拒绝不尴尬。）

- **否定+解决**

A.这道数学题你能教教我吗?

B.实在不好意思，我也不会，要不我们一起去请教数学老师吧?

(主动抛出解决方案，占据主动地位。)

总之，我们可以通过学习来改变自己的“话题终结者”特质，这将对我们的人际交往产生不可估量的帮助。

克服怯场心理：消除社交恐惧症

曾有研究人员就人们在社交场合最害怕的事进行调查，研究结果如下：

最恐惧的事	所占百分比
与陌生人聚会	74%
发表演讲	70%
当众被问及个人隐私	65%
见对象家长	59%
任职第一天	59%
遭恶作剧戏弄	56%
与权威人士对话	53%
求职面试	46%

由此可见，绝大多数人对社交场合的沟通都存在恐惧、怯场心

理。换言之，怯场情绪再正常不过，远不止你一人如此。其实，不只是普通人，很多有着丰富演讲经验的名人在某些重要的沟通场合同样会产生怯场心理。

古罗马著名演说家西塞罗曾说过，每次演讲开始前，他都感觉身心极其紧张。

作家沈从文第一次走上讲台时，很多人慕名而来听他讲课，然而他却非常紧张，不知道该说些什么，好不容易调整好自己的情绪，一节课的内容却被他用十分钟就讲完了。

名人尚且如此，更何况是普通人呢？

尽管如此，我们却不能让这种情绪完全地控制自己，我们必须从这种情绪当中解脱出来，那么有哪些切实可行的方法来克服怯场心理呢？

1.坦然面对并接受自己的紧张

面对沟通场合所产生的怯场心理，我们首先要做的就是坦然面对并接受自己的紧张，告诉自己，紧张是正常的，很多人在这种情况下甚至比我们更紧张。而且，紧张怯场不完全是坏事，心理学家认为，紧张是人们应对外界刺激和困难的一种有效的方式，只要积极地面对它、调整它、运用它，也许就会产生强大的力量。

2. 积极自我调试

当心情恐惧紧张时，可从以下四点来调整自己的情绪。

A. 呼吸调节法。当我们感觉紧张时，呼吸也会紊乱，吸入的氧气量减少，头脑变得昏昏沉沉，这使得我们的言语更不利索了。因此，我们要调整自己的呼吸，先慢慢吸气，再慢慢吐气，心中默念“放轻松”，这样，我们的气息就慢慢地平稳下来了，心里也会觉得平稳。

B. 自信暗示法。从心理学角度来分析，人的潜意识排斥一切否定信息，诸如不要紧张、不要害怕、不要打乱顺序等，只愿意接受紧张、害怕、打乱顺序的肯定信息。因此我们不妨用正面、积极的话语来暗示自己，比如“他肯定会喜欢和我聊天的”“这就是一件小事”“我已经准备很充分了”“我要积极面对”等。

C. 注意力转移法。试着分散自己的注意力，比如看着一朵花、一杯氤氲的茶水，一片柔和的灯光……美好的东西会让你的心情也变得愉悦轻松起来。

D. 动作调节法。不妨原地活动活动手腕、关节或肌肉，动作轻松、均匀、随意即可，不一会儿，身上的紧张情绪就得到了有效的舒缓。

3. 日常着手训练沟通能力

给自己制订日常沟通训练计划，例如，要求自己每天与一个以上的陌生人展开沟通，每次聊天不少于五句话，陌生人可以是快递小哥、服务员、卖菜的大婶、出租车司机……坚持一段时间后，觉得没有难度了，可以在此基础上加大行动力度，比如每天跟三个以上的陌生人沟通，每次沟通至少五分钟……就这样循序渐进地训练，久而久之，与人交流时就能够流利地交谈，轻松应对。

只要你按照上述做法行动起来，慢慢地就会发现，怯场心理已经不会再对你造成影响。

摆脱多疑心态：无端猜疑会让你失去沟通能力

小林是个非常多疑的人。在办公室里，如果几个同事聚在一起偷笑时，他总觉得对方是在嘲笑自己；他总觉得别人都在关注着他的一言一行，这令他如坐针毡；当有一个人突然喊“笨蛋”时，他总觉得对方是在影射自己；当有人称赞他时，他又克制不住地认为对方并不是真心的，一定存在某种心理；当别人有求于他时，他总认为对方是在利用自己……

这种无端的猜疑快把小林逼疯了。时间长了，他总是处在一种自我防御的状态下，与周围的环境格格不入，内心感到非常孤独，他越来越沉默，越来越惧怕与人接触、与人交流，人际交往于是出现了很大的障碍。

这个案例告诉我们：在社交场合，无端的猜疑会让我们失去沟通能力。多疑的人总是通过“想象”来歪曲他人无意的行为表现，将其误解为对自己的敌意，或者把他人善意的举动或言语曲解为恶意，以致与人产生隔阂。多疑心态一旦形成，需要格外警惕，因为这会造成人际沟通的障碍，继而形成社交恐惧症。

那么应该如何摆脱多疑心态呢？有多疑心态的人往往有着自卑心理，他们也许曾经遭遇过挫折、失败，并遭到人的嘲笑，这使得他们行事小心谨慎，畏首畏尾，对自己极度缺乏信心。因此最重要的是建立个人的自信心，消除自卑感，具体可以从以下几点做起：

1.接纳自己，停止对自己的挑剔

多疑的人不仅怀疑别人，他们也会自我怀疑。从现在起，不要怀疑自己，也不要批评、责备自己，更不要因为恐惧而消极逃避，应该试着去接受不完美的自己。我们只有先接纳自己，然后才能让别人接纳我们。

2.自我暗示，多想象他人的优点

当怀疑别人在说自己坏话时，或故意影射自己时，要多进行自我暗示，告诉自己：他不是这样的人，他不会说我的坏话，要相信他，并且多想对方的优点。久而久之，这种自我暗示的做法会让行为发生积极的改变。

3. 坦率交流，与别人交换意见

当你无法克制对他人的猜疑时，不妨卸下心理负担，坦率地把内心的疑虑向对方说出来。

只要你的态度足够真诚，相信对方也愿意和你交流，这样疑团很可能就此解开了。

4. 自我安慰，理性对待他人的非议

俗话说，谁人背后无人说，哪个人前不说人。有人的地方必定有纷争，有误会。因此要学会告诉自己，被人议论、被人误会是再正常不过的事情了，不应该被他人的闲言碎语、风言风语所困扰，走自己的路，让别人去说吧。

5. 坚持自己，不刻意迎合他人

为了融入身边的环境，有的人会刻意压抑自己，迎合他人和外界。这种做法是非常不可取的，不仅不能让他人了解真实的自己，还容易给自己带来心理压力，从而加重对社交的排斥心理。

以上是克服多疑心态的一些操作方法，只要认真对待，不仅能提高沟通能力，同时对一个人的心理健康发展也是极有好处的。

消除自卑心理，对自己做出合理的评价

生活中有一些人，他们总能看到自己的优点，在沟通中愿意勇敢表达自己。在外人看来，他们天生自带光芒，总是那么自信。

然而，生活中也有与之相反的一些人，他们更多的是看到自己的缺点，在任何沟通场合，他们都是逃避的，自我怀疑的，他们是自卑的人。

心理学家认为，自卑是一种消极的情绪体验，自卑者总是对自己的能力和处境做出过低的歪曲评价。“我不行的”“我做不到”“我不如别人”等消极语言是他们的潜意识常用语。在不得不沟通的场合，自卑者无疑是痛苦的，他们总是手足无措、张口结舌。久而久之，自卑者长期处于一种自我封闭的状态，他们不敢自信表达，不敢追求，不敢憧憬，这使得他们的言行畏畏缩缩，消极被动。

那么，自卑心理是怎样产生的呢？**心理学家认为，造成自卑的原因是多方面的，比如一个人的家庭出身、社会背景、生理缺陷，以及他人评价等。**

自卑心理会对一个人产生严重的消极影响，带来很多困扰与伤害。因此我们应该努力克服自己的自卑心理，从而建立与外界的有效沟通。**心理学家认为，自卑者要打破“因为我不行—所以我不去**

做—反正我做不到”的消极思维模式，建立起“因为我不行—所以我要努力—我一定能做到”的积极思维模式。具体可从以下几点做起：

1.有想改变的意愿

这是第一点，也是最重要的一点。你一定听过这句话：“你永远叫不醒一个装睡的人。”你意识到自己的问题但不思改变，那么你永远只能在深坑里待着。每一个成年人都要为自己的决定负责任，若想改变，那么就行动起来吧，从正确的方法着手，从点滴做起，改变自卑。

2.学会改变的方法

改变不是盲目的，也不是一蹴而就的，改变长时间形成的自卑心理是需要时间与方法的。

A.要正确地、客观地认识自己。

妈妈总认为自己的孩子是天底下最可爱的宝宝，我们总是透过滤镜看待自己。你真的是能力欠缺、不如别人、胆怯懦弱的吗？抛掉自卑的枷锁，客观冷静地分析自己，你也许是“有潜力的”“努力的”“沉静但富有观察力的”……你的能力也许远超自己的想象。

B.学会倾听。

有自卑者认为，自信就是与人沟通时口若悬河、滔滔不绝，这种认识是错误的。其实，倾听也是一种沟通，当你还无法在众目睽睽之下与人用语言交流时，不妨学会倾听吧。倾听对方，了解对方的喜好、说话的方式、知识面……为下次沟通寻找交流的素材。

C.向自信的人请教经验。

D.良好的自我形象管理。

E.多一些自我展现。

不要让嫉妒和偏见影响你的沟通

和你从事同一领域的朋友获得了行业奖项，你的心理情绪很微妙，羡慕的同时，似乎又夹杂着失落、不甘与恼怒，继而对朋友产生了一种敌对心理。心理学家把这种情绪称为嫉妒。

嫉妒这种情绪，几乎每个人都体验过。心理学是这样定义“嫉妒”的：看到他人有突出优点或取得成就时，自己感到失落继而抱有敌意的情绪。

莎士比亚曾说：“您要留心嫉妒啊，那是一个绿眼的妖魔！谁做了它的牺牲品，就是受它的玩弄！”斯宾诺莎曾说：“嫉妒是妨碍一个人努力或活动能力的情绪。”心理学家认为，在人际沟通中，一旦有人产生嫉妒情绪，会产生如下消极反应，继而对人际关系造成严重的破坏。

● 疏远反应。A对朋友B产生了嫉妒情绪，他无法克服向B学习或与其合作的心理障碍，为了克服嫉妒心理引发的认知失调，A会疏远B，并不再把B当作自己的朋友，这导致了人际沟通的中断和失败。

- 蔑视反应。A嫉妒B，为了减少嫉妒带来的压力，A会在沟通中改变原本对B的能力的肯定评价。比如B的销售能力很出色，那么A很可能会对此能力表现出不屑一顾或冷嘲热讽的样子，严重的还会对B极尽污蔑之能事，从而影响双方的和谐相处。

- 破坏反应。A嫉妒B，并对自己的失败不甘心，且发现自己无论如何努力都无法超过B时，很可能会采取恶劣的手段来对付B，比如冲动地批判、抵制、对抗B。如果这是在一个团队中，那么双方的合作很可能终止，给个人和团队带来不可磨灭的伤害。

总之，在人际沟通中，嫉妒情绪会对人际关系造成严重的破坏。嫉妒者会把很多的时间和精力集中在对方的行为和成绩上，对对方的关注远多于对自己的关注。对嫉妒者而言，别人的失败甚至比自己的成功更能让自己感到快乐。这种想法和情感是扭曲的，不仅消耗了自己的精力，也阻碍了自身的发展与进步。

那么在人际沟通中，我们又该如何来应对并克服自己的嫉妒情绪呢？

1.当产生嫉妒情绪时，不要自责

嫉妒其实是人的天性。有实验证明，当我们出生时，就已经有了嫉妒情绪，比如一对双胞胎，妈妈只和其中一个孩子互动时，另一个孩子就会表现出难过的样子试图引起妈妈的注意。因此，当产生了嫉妒情绪时，不要自责，也不要觉得羞耻，这是正常的情绪。

2.将嫉妒的消极面转化为积极面

英国思想家罗素认为："嫉妒尽管是一种罪恶，它的作用尽管可怕，但并非完全是一个恶魔。它的一部分是一种英雄式的痛苦的表现；人们在黑夜里盲目地摸索，也许走向一个更好的归宿，也许只是走向死亡的毁灭。"意思是从另一方面来看，嫉妒也是一种力求上进的表现，只须对这种情绪进行正确的管理。比如，从别人的长处发现自己的不足，从而去奋斗进取。

3.通过提问来质疑自己的想法

当你快被嫉妒冲昏头脑时，不妨静下心来思考。比如你嫉妒男朋友的异性朋友长得漂亮，并疑心男友要离开自己，这时你不妨问问自己："他要离开我，我有证据吗？""我如果继续嫉妒并无理取闹，事情会变成怎样呢？"通过这样的提问，来帮助自己厘清思绪，分清偏见和事实，减少无谓的烦恼。

4.尝试重复疗法

如果你实在压制不住自己的嫉妒情绪，并坚定地认为男友会因为长相问题而远离自己，不妨把这种念头释放出来。具体做法是：你重复告诉自己"他会因为别人而离开自己"100遍、200遍甚至更多遍，刚开始你可能会很愤怒、很伤心，但随着重复的次数增多，你会发现自己的应激反应在减少，最后甚至实现心理脱敏，再也无法激起自己的嫉妒了。

拒绝敌视心理：不要看谁都觉得不顺眼

你身边有这样一种人吗？他们每到一个新环境，都会树立一个敌人，或者说，无论他们在什么样的环境里，都很容易与他人起冲突，与周围的环境总是格格不入，在人际关系上总是很紧张，心理学上把这种现象称为敌对心态。

显然，敌对心态是一种心理缺陷，会使得他人蒙受痛苦和不快。看到对方痛苦，当事人内心会产生快感吗？并没有，当事人因为频繁地陷入与他人的冲突，耗费了大量的心理能量，内心的负能量过多，以至于经常在人际关系的斗争中被淘汰出局，自信心受到严重的打击。

有一条蛇钻进了一家木工店，它在店里爬来爬去，爬到角落的时候不小心蹭到了一把锯子，身体被蹭破了一点皮。这条蛇十分恼怒，本能地转过身用嘴将锯子咬住，于是嘴又受伤了。

这令蛇更愤怒，它认为是锯子攻击了它，于是决定用自己的身体缠住锯子。它使出了浑身的力量，想让锯子窒息而亡，结果，它自己被锯子锯死了！

生活中很多人就如同故事中的蛇，受到一点点伤害，就本能地认为是别人造成的，于是愤怒、发火、攻击、报复……殊不知这样却将自己带进了黑洞。他们总是很容易关注生活与工作中的负面信息，比如：在新公司上班的第一天，有的人内心不去关注那些积极的信息，比如上司挺好相处，公司环境不错等，而首先去捕捉那些消极的信息，比如某某某不喜欢我，谁谁谁不搭理我……他们总是对人际关系中的负面信息特别敏感。

心理学家认为，过多关注负面信息的人大多内心受过伤，他们在以前的经历中遭遇了较多的挫败感；总是关注别人表达的否定信息，是因为他们在以往遭遇了太多的否定。因此，敌意其实是当事人深埋的怨气，对他人的敌意，实际上是自己对自己有敌意，是自己的一部分对另一部分不接纳。

那么，如何才能走出敌对情绪的泥潭呢？

● **找出自我攻击的那部分，承认并接纳**

心理学家认为，对于一个充满敌意的人，改变其敏感多疑的负面思维方式并不主要在于学习如何增加人际沟通技能，而在于察觉并改变自己的内心。

首先，找出过去被误解、被伤害的那一部分自我，告诉它，你看见了它，现在愿意承认它，承认这部分自我曾经像魑魅魍魉一样纠缠着你不放，让你日夜不安，时刻生出厮杀之心。

其次，拥抱它。过去你对不起它，也许世界也对不起它，你错了，世界也错了。现在你只想好好爱它，并把它放到阳光下，不再置它于与他人残忍的斗争中，你会发现，敌意会随着阳光的照射逐渐消散。

● **使用“视觉转换疗法”**

何谓“视觉转换疗法”？它指的是通过另一种正向积极的角度来看待问题，以此达到消除敌视情绪的目的。

比如，不要过多关注他人身上的缺点，而应该多挖掘他人身上的优点，因为生活与工作中的敌视情绪往往不是事件本身造成的，而是看待问题的角度造成的。你对他人微笑，别人也会回以微笑，你对他人投以敌视的目光，别人也势必回以敌视的目光。

● **及时给敌视情绪泄洪**

负面情绪不宜在心中积压，否则会演变成一种可怕的攻击，因此，需要及时清理敌视情绪，为它们找到宣泄的出口。可以采取写日记、呐喊、唱歌、跑步的方式来宣泄，并建设性地利用这些方式来帮助我们的工作和学习。

纠正敌视心理的措施还有很多，比如，多学习，加强精神层面的充电，从而学会以辩证、发展、客观、变化等角度来看问题；多倾听其他人的想法，学会换位思考等。

摆脱“刻板效应”：别总用陈旧的标准看待他人

在与人交往的过程中，你是否总是用老眼光去看人？**社会心理学把用老眼光看人造成的影响称为刻板效应。刻板效应，又叫刻板印象，准确地说，它是指对某个群体产生一种固定的看法和评价，并对属于该群体的个人也给予这一看法和评价。**

比如，我们总觉得知识分子是温文尔雅的，老板是大腹便便的；北方人是豪爽讲义气的，南方人是聪明善经商的；男人粗枝大叶，女人细致耐心；老年人保守，年轻人冲动；做销售的人灵活，干财务的人谨慎……

从人际交往的角度来说，“刻板效应”无处不在，如果把对某一类人的评价看作是对某个人的评价，而忽视个体差异，很可能会导致人际交往的失败。可以看看下面这个例子：

财务部的周晓离职了，来了个新会计，办公室的姑娘们正议论纷纷。

小丽说：“这新来的会计，叫小芳的，太难相处了。报账的流程走到她那里，她问个不停，极其较真，真是个死脑筋，做事一点也不灵活，跟之前的周晓一样。唉，你说她们干财务的是不是都这个样子？”

小娜说：“可不是，我上回也去报账，因为一个客户的名字写错了，她追着我问了一天，就因为跟系统登记的名字对不上。不是死脑筋是什么？”

美玲坐在一旁没说话，但是听着办公室里女孩们的议论声，心里也认为这个新来的会计小芳肯定很难相处，是个鸡蛋里挑骨头的人。

年底公司开年会，美玲恰好和小芳分到一个组，共同负责相关事宜。也正因为这次共事，美玲才真正地了解了小芳。在与小芳朝夕相处的过程中，美玲发现小芳其实是个非常谦和有礼的姑娘，说话温柔，见人就带三分笑，而且乐于助人，非常热心。工作的时候则很投入，积极认真，尤其对自己的本职工作更是一丝不苟，为了一个数据会钻研许久。而且在此次年会中，小芳在核算市场部费用时，发现财务部核算的数据与市场部自己核算的数据居然有近七千元的差距。为了搞清楚问题，她不停地奔波各处，找到相关人员进行核实清查，总算搞清楚了事情的始末，原来是前台误将一位客户的信息提交了两次，小芳由此给公司挽回了不小的损失，受到了公司的嘉奖。

这个例子能很好地说明“刻板效应”会给人际关系带来一定的误解。从某种意义上来说，以群体的共性来推测某个成员的个性，是有一定的合理性与可信度的，这样可以简化我们对个人的认知过程，有助于我们对某人迅速做出判断，从而增强我们在人际沟通中的适应性。但是这样的做法，也会导致人们缺乏对个体的新认知，因为个体都具有差异性，有句话叫“人心不同，各如其面”，用“先入为主”的观念自以为是地判断一个人，很容易造成判断失误。

那么在人际交往中，我们如何才能规避“刻板效应”呢？心理学上认为可从以下两点做起：

1.深入了解与沟通，不听偏见之词

要想不被“刻板印象”左右自己的思维，就应该深入了解对方的信息，并与之进行沟通，告诉自己，耳听为虚，眼见为实。在沟通的过程中，从不断的认知中寻找与“刻板印象”不相符的信息，这样能逐渐摒弃以“刻板印象”来识人的陈旧思维，从而获得更准确更全面的认知。

通过与对方的沟通，也许你会有“不说不知道，一说吓一跳”的感慨：这个人的身上居然有很多你很崇拜的特质，只不过之前一直听信偏见之词，或者第一印象不好，让你没往好的方面想。所以说，全面深入地了解并交流，是改变“刻板印象”的理想途径。

2.学会驳斥自己的陈旧想法

当面对熟悉的人或物时，我们总会以一贯的思维、一贯的经验去揣测对方，想要摆脱这种惯性思维，就要学会驳斥自己的想法。

比如一个境况不好的人，曾经向你借过钱，突然他又联系你，你很可能下意识认为他又要借钱。这个时候你不妨告诉自己：不要轻易下结论，也有可能他是来还人情的，先看看情况再说。

总之，不要过分依靠过去的经验来考虑问题，有句话说：经验不是偏见，而偏见则源于经验。过分相信自己的经验，就是一种偏见。我们应该全方位多角度地来寻找答案，因为人每时每刻都在变，你在进步的时候，别人很可能也在进步，要想在人际关系上如鱼得水，就要用发展的眼光去看人。

远离自负心态，切莫表现得目中无人

在工作中，夏青无论是工作能力还是业绩水平都是出类拔萃的，这令她非常得意，因此在与同事相处的过程中，她总会有意无意地流露出自己的优越感。同事也承认她的优秀，因此表面上对她客客气气的。时间长了，夏青这种自负的心态更是变本加厉，眼睛长在头顶上，看谁都觉得不如自己，与人交流时盛气凌人。久而久之，同事们对她颇有怨言，也就不愿意接近她了。现在，夏青在公司只能独来独往了。

案例中的夏青犯了人际沟通的一个大忌——自负。心理学家认为，自负的人只关心个人的需要，强调自己的感受。自负的人通常具有如下五个特征：

- 自视过高，有强烈的优越感。
- 固执己见，具有排他性。
- 独立自主，但又缺乏客观性。
- 过度防卫，有明显的嫉妒心理。
- 孤独离群，人际交往困难。

千万不要小看自负，毫不夸张地说，自负是人自掘的一个陷阱，目中无人、得意忘形之时就会堕入其中。古往今来，有不少因为自负而折戟沉沙的例子。

西楚霸王项羽豪气盖世，却个性自负，刚愎自用，不听建议，终令他既失江山又失美人，自刎于乌江。

赤壁之战中，曹操在有利的形势下自负轻敌，指挥失误，20余万大军却不敌孙刘5万军队，几乎全军覆灭。

素有忠义美名的关羽，一生却狂傲自负，待人傲慢，由于他的轻敌大意与拒谏，致使荆州失陷并最终败走麦城惨遭杀害。

这些自负的例子都给后人留下了深刻的教训。正如美国的政治家、科学家富兰克林所说："自负是一个人要除掉的恶习。"

既然自负作为性格上的弱点，会阻碍我们前进的脚步，那么我们就应该寻找有用的措施去克服自负，不让自负情绪滋生蔓延。可从如下几点做起。

1.时刻反省自己

荀子说："君子博学而日参省乎己，则知明而行无过矣。"意思是做人要反复反省自己的言行，这样会神志清明，有助于建立对自身的正确认识。所以，对于自负的人来说，应该用荀子的话给自己敲警钟，要时刻反省自己，消除自负心理，这样对工作、生活都大有裨益。

2.培养不显露锋芒的习惯

在沟通交流中，自负的人总是趾高气扬、咄咄逼人、锋芒毕露，虽说在适当的场合显露自己的锋芒确有必要，但如果尺度把握不好，这种锋芒就很容易刺伤别人，引起别人的反感，最终在交往中使得自己走入孤立无援的地步。古人云："满招损，谦受益。"哪怕你有过人的学识，也要懂得虚怀若谷，培养不显露锋芒的习惯。

3.学会欣赏他人的长处

自负的人目空一切，总认为自己是最优秀的，他们习惯以己之长比他人之短，看不到自己的缺点和不足，可谓一叶障目，不见泰山。要克服这种心态，就应该放下身段，去欣赏他人的长处，时刻关心他人，那么久而久之，就懂得和善待人了，自负也就在无形中消失了。

4. 以长远的眼光看待问题

自负的人总是因一次的成功就自我满足，他们常常因为自己辉煌的过去而自傲不已，这是浅薄的认知，因为曾经的成就不能代表现在，更不能预知将来。因此，我们要学会用长远的眼光来看待问题，不断提高对自己的要求，这样就能把昔日的成功化作今日前进的动力了。

5. 学会接受批评

自负者通常固执己见，唯我独尊，不愿意接受他人的观点与批评，不能接受外界的否定与质疑的声音，这是一种有害的、狭隘的心理。因此自负者应该学会接受批评，这样可以让自己站在他人的角度进行思考，这是根治自负的有效方法。当然，接受批评并不是让自负者完全服从他人，而是接受他人的正确观点。

小测试：你的沟通能力是强还是弱

在人际交往中，你存在沟通障碍吗？你的人际交往能力是强还是弱呢？快来做一做下面这个测试吧！请选择最适合描述你自己的选项，而不是选择你认为“最好”“最正确”的选项，选A得4分，B得3分，C得2分，D得1分。

1.在和新认识的朋友聊天时，你认为比较重要的是应该了解对方的：

A.价值观念、心理特征

B.个人习惯、家庭背景

C.个人修养、能力水平

D.经济状况、社会地位

2.放寒假回来，你很高兴，而你的朋友对你在家的事情很感兴趣，这时你会：

A.详细叙说假期里你所经历的趣事的所有细节

B.说些自己认为重要的事

C.朋友问什么就答什么

D.感觉累了，没什么好说的

3.你正在兴致勃勃地给周围众多朋友叙述你认为有趣的一件事，而你的一个朋友却打断你的叙述并插话，这时你会：

A.幽默地劝告：先不要讲，听我讲完

B.直接制止：你先别说

C.心里很不愉快，但装作没听见，自己讲自己的

D.给那位朋友难堪，让其下不了台

4.当你的朋友有求于你，而你内心里不想帮他，这时你会：

A.委婉地告诉他不能帮他

B.答应帮他，会调皮地要点回报

C.不好意思拒绝，答应帮他，但是心里很不舒服

D.直截了当地告诉他不能帮忙

5.当去参加一个集体活动时，你会：

A.精心打扮一下

B.换一件自己认为很合适的衣服

C.只要穿得不太糟就可以了

D.像平时一样随便穿着

6.假期你的一位朋友和你约好了一起去生态园游玩，他因为临时有事已经连续推托了两次，第三次说好一起去，他又说要改时间，这时你会：

A.详细询问对方什么原因，是否同意视原因而定

B.告诉他今天生态园可以免费采摘水果，机会难得，不能再推了

C.你很生气，什么都没说就同意了

D.你很生气，不理会他，自己约其他朋友去

7.你刚到一个新的班级，班主任就让你担任一个职务，不久，通过他人你了解到本来班级中有几个同学早就想担任这个职务，班主任不同意而选了你。对这几位同学你会：

A.主动认识他们，了解他们的长处，争取成为朋友

B.不理会这个问题，努力做好自己的工作

C.暗中打听他们，了解他们是否具有与你进行竞争的实力

D.暗中打听他们，并找机会难为他们

8.与不同身份的人讲话，你会：

A.不管什么场合，你都是一样的态度与之讲话

B.在不同的场合，你会用不同的态度与之讲话

C.对身份高的人说话，你总是有点紧张

D.对身份低的人说话，你总是漫不经心

9.听别人讲话时，你总是会：

A.对别人的讲话表示感兴趣，记住所讲的要点

B.请对方说出问题的重点

C.对方老是讲些没意义的话时，你会立即打断他

D.对方不知所云时，你就很烦躁，就去想或做别的事

10.当你在发表自己的看法时，别人却不想听你说，你会：

A.仔细分析对方不听自己说的原因，找机会换一个方式说

B.等一等，看是否还有说的机会

C.于是你不说了，但你可能会很生气

D.马上气愤地走开

测试结果分析

1.如果你的总分为10~20分：

你的人际交往能力欠佳，因不能很好地表达自己的思想，所以也经常不被别人所了解；许多事情你采取了不适合的表达方式，有时把事情弄得越来越糟。但是，只要你学会控制自己的情绪，改掉一些不良的习惯，你随时可能获得他人的理解和支持。

2.如果你的总分为21~30分：

你的人际交往能力一般，你懂得一些沟通技巧，尊重他人；你能较好地表达自己，并能实现一定的沟通效果。但是，你缺乏高超

的沟通技巧和积极的主动性，许多事情只要你再努力一点，就可大功告成。

3.如果你的总分为31~40分：

你的人际交往能力很好，你能不动声色地表达自己，有很高的沟通技巧。只要你能明确意识到自己性格的不足，并努力优化它，定能取得更好的成绩。

第二章

自信表达，形成独特沟通风格

表达不畅，是因为你还不了解这四种沟通风格

在人际交往中，你是否为了取悦他人，总是做一些你并不想做的事情?

在人际交往中，你是否总是试图控制他人?

在人际交往中，你是否看起来很好说话，但实际上背后故意做一些事情来扰乱对方?

在人际交往中，你是否能清晰地表达自己的感受，并直面问题?

这四个问题是人际交往中的典型问题，也代表了四种沟通风格：被动型沟通风格、攻击型沟通风格、被动—攻击型沟通风格、自信型沟通风格。可以先看下面这个例子：

地产公司的王总在周五下班前给A、B、C、D四位员工布置了同一项任务，那就是周末两天每人写出一份可行性分析报告，周一上班就要交。接到任务后，A、B、C、D都傻了眼，因为他们四人在周末都安排了各自的出行计划，眼看就要享受这次出行了，没想到居然要加班。

那么A、B、C、D四位员工会分别采取怎样的行动来面对这个问题?

A感到非常无奈，没有办法只好取消了出游计划，乖乖在家写报告。

B听完领导的吩咐后立马跳脚，嚷嚷道："周一来不及，周末我都跟我朋友约好了，我没时间，这事情你怎么不早说？"

C似乎很愉快地接受了领导的要求，但是周末依然按照自己的计划出游，周一早上，他跟领导是这样解释的："对不起，王总。周末财务部提供的数据有问题，报告没有写成，不好意思，等财务上传新的报表后，我会抓紧时间交给你。"

D就事论事地向王总坦承自己的出行需求，并询问这份报告是否非常紧急，能否等到下周再处理，或者找其他人来写。

案例中A属于被动型沟通风格，B属于攻击型沟通风格，C属于被动—攻击型沟通风格，D属于自信型沟通风格。其实我们每个人在交往中都或多或少地使用过以上四种表达方式，只不过有的用得多，有的用得少，或者在某种特定的环境中更倾向使用某种沟通模式。**心理学家认为，当我们感觉自己与他人沟通不畅时，也许是因为采取了不适宜的沟通风格。只有认清自己在沟通中犯错的原因，并努力去克服，才能在交际中获得他人的尊重，并形成高效、适宜的沟通风格。**

1.被动型沟通风格

被动型沟通者很少表达自己的意见和感受，他们总是屈服于他人的不合理要求。在沟通中，他们习惯于轻声或低姿态说话，少有眼神接触，习惯听从他人，甚至会恭维他人，正因为如此，他们对自己的工作和生活没有掌控感，因此时常感到焦虑。他们面对中伤、攻击或诋毁不会有明显的反应，当不满和愤怒逐渐上升以至于无法忍受时，他们也会爆发，但是爆发后，他们又感到羞耻、内疚和困扰，然后重新回到被动状态。

2.攻击型沟通风格

攻击型沟通风格与被动型沟通风格形成了鲜明的对比。攻击型沟通者在交往中总是试图控制他人，面对冲突总要想方设法取胜，说话大声，要求苛刻，行为霸道粗鲁，性格冲动，但是面对打击他们似乎又不堪一击，挫折承受力很低。

奇怪的是，这种类型的沟通者总是不承认自己的霸道，他们认为自己是迫于无奈，是因为他人太无能、理不清状况……不发火实在难以解决问题。

3.被动—攻击型沟通风格

心理学家认为，这是最隐蔽的一种沟通类型。这类沟通者很难直接承认自己的愤怒，甚至会用笑容来掩饰自己的愤怒，他们无法面对直接爆发导致的后果，因此他们会采用间接或隐秘的方式来发泄愤怒，比如背后用手段来报复或操控他人。

说到底，这类人感觉与人沟通很困难、很无力，甚至充满怨恨，其根源在于他们无法直面问题。

4.自信型沟通风格

自信型沟通者不会为了迎合他人而压抑自己的需求，但也不会只顾及自己的想法而忽略他人的感受。换言之，他们重视自己，尊重他人，能够清晰、有效并坚定地表达自己的主张和感受。在交流中，他们能用平静而清晰的语调说话，并保持身心的放松，有自我控制能力，不会受他人的操纵。

在沟通中，自信型沟通者会在自己和他人的意愿中做出取舍，这种取舍也许会压抑自己的需求，但这是他自己做出的选择。这与被动型沟通者不同，被动型沟通者觉得自己毫无选择。

也许你发现了，这四种沟通风格中，自信型沟通风格超越了其他三种沟通风格，是最有效的沟通风格，其他三种沟通风格或多或少让人感觉沮丧和无助。也许你是被动型沟通者、攻击型沟通者或者被动—攻击型沟通者，你想要改变，只有一个方法，那就是学会自信表达。

自信型的沟通风格是如何炼成的

一直以来，我们都在被教导要学会“自信”，在沟通中，我们同样要学会自信表达。**心理学家认为，学会自信表达可以让我们摆**

脱过去的不良沟通方式，它同时还代表了一个人健康的处世原则和生活态度，它可以给我们的生活带来诸多益处：

- 与人沟通时，矛盾减少了，焦虑、沮丧、愤怒与无助感消失了；
- 可以用更理性的态度与人相处；
- 可以清晰地表达自己的意愿和主张，但又不会践踏他人的尊严；
- 增强了内心的安全感，不需要一而再再而三地得到他人的肯定；
- 不再试图掌控他人的生活，承认他人有权过自己的生活；
- 有助于关注当下，不再被过去的恩怨破坏现在的关系；

…………

然而，自信型沟通的练就并不容易，它是一项技能，看似简单，实则很难掌握。很多人在成长的过程中并没有学会这项技能，也有很多人尝试自信表达，但是总觉得内心别扭，坚持不了便放弃了。其实，任何技能在学习之初总是笨拙的，但随着不断地练习，技能使用就会越来越熟练。学会自信表达，你只需做到如下三步：

1. 了解自己的感受，认识自己的权利

先花时间来厘清自己的思绪，问问自己：你想做什么？你不想做什么？什么是你的权利？要知道，每个人都有自己的感受，也拥有基本的权利：

我不想迎合他，这违背了我自己的意愿；

我想要这个；

我想做这件事，尽管会犯错；

我想按照自己的标准去做事；

我有权利表达自己的感受，无论是消极的，还是积极的；

我有权对这件事做决定；

我有权改变我的想法；

我有权对朋友或家人生气；

我有权幸福，有权快乐；

我有权说不；

…………

一定要将自己的感受和权利清晰地表达出来，不要自以为他人能够读懂我们的真实感受。了解自己，是自信表达的第一步。

2.无视阻碍，坚守立场

当你尝试改变自己的沟通风格时，你也许会遇到很多阻碍。你身边的人可能会对你提出疑问："你最近怎么了？跟你以前不像呀，你不会吃错药了吧？"这也许令你感到窘迫、羞耻、不安、挫败，让你萌生出打退堂鼓的想法。

心理学家认为：当你开始设置个人界限，转换成自信沟通风格时，事情在变好之前会先变糟糕。比如，之前的你总是无法拒绝别人，因此邻居经常找你帮忙，而你决心说"不"的时候，他心里肯定非常不爽，因为他已经习惯了把事情推给你做。也正因如此，他很可能会指责你不友好、懒惰、缺乏同情心，甚至恶意诋毁你。

如果你就此屈服，那么他一定认为之后只要对你施压，你肯定就会顺从，这也会让你之后的拒绝变得苍白和无力。

因此，你要做的，就是坚守自己的立场，坚定持续地向对方传递同一条信息：我有权拒绝我不想做的事！

3.练习非语言表达

美国传播学家艾伯特·梅拉比安曾提出一个公式：信息的全部表达=7%语言+38%声音+55%肢体语言。我们把声音和肢体语言都作为非语言交往的符号，那么在人际交往过程中信息沟通就只有7%是由语言进行的。因此，非语言的表达就显得尤为重要。

你在自信表达时，你的姿态是怎样的？你的目光是飘忽的吗？你的声音是试探性的吗？你的语气是踌躇的吗？你的笑容是勉强的吗？你的肌肉是紧张的吗？如果是，那么很抱歉，你没有做到真正的“言行合一”，尽管你的语言做出了自信的传达，但你的非语言信息传达却不够自信，这会令你的自信表达大打折扣。

因此，你需要进行非语言表达的练习，交流的时候要放松自己的身体，尽量不要交叉双腿和双手，目光平和坚定，抬头挺胸，声音清晰平静，不要过于情绪化——如果你真的感觉愤怒，不妨先深吸一口气，试着调整并转换自己的情绪，因为平静有的时候更有力量。

最后，希望你能将以上三点不断进行尝试，学会自信表达。

杜根定律：找到沟通的内在动力

在心理学上有一条著名的定律叫作“杜根定律”，杜根是美国橄榄球联合会前主席，这条定律正是他提出来的，完整的表述是：强者不一定是胜利者，但胜利迟早都属于有信心的人。如果这个定律用一个词来代替的话，那就是自信。

如果你能懂得杜根定律，你就会明白，自信能激发人们的无穷动力，会让人突破自我的极限，甚至是人类的极限。

在很长一段时期内，人们在田径比赛中定下了4分钟内跑完1英里（约等于1.6093公里）的目标。为了达到这个目标，运动员们试过很多方法，喝虎奶、让狮子追赶奔跑等，但是依然没人成功。因此，相关行业的专家们都认为，这个目标的设定有违人类的生理极限，声称人的跑步速度与风的阻力、人体的骨骼结构、人的肺活量等息息相关，总之，理由非常多。

然而，在1954年5月6日，美国运动员罗杰·班尼斯特却用3分56秒6的成绩首次跑进了4分钟。为了实现这个目标，班尼斯特经历了长期艰苦的体能训练，不仅如此，每天他还会大声对自己说：“我一定要在4分钟内跑完1英里！我一定能实现这个目标！我一定能成功！”就这样，通过不断训练与自我暗示，班尼斯特果真成功了。而且在他破纪录后的一年时间内，相继有300名运动员均实现了在4分钟内跑完1英里的目标。

是什么让他们突破了长久以来的限制？是自信！因为自信，他们创造了奇迹。自信是成功的基石，很多事情不在于有多难，而在于敢不敢做，有没有信心。**现代积极心理学通过研究表明，自信的人比自卑的人更容易成功。**因为自卑的人害怕出错，他们总是花过多的精力去思考如何避免出错，其实这种思维是错误的。**心理学上的墨菲定律认为，事情往往会向你所想到的不好的方向发展，只要有这个可能性。**而自信的人则会把精力放在处理问题上，他们总是思考自己的能力还能用来做什么。

可见，一个人的成败取决于他是否自信，如果这个人是自卑的，那么自卑会扼杀他的聪明才智，消磨他的意志。这是杜根定律带给我们的启示。

因此，在人际交往中，我们不能安于现状、害怕沟通；不能总是自我怀疑和否定，听信他人的风言风语，认为自己真的“不可能成功”，“一辈子也不会有什么出息”……否则我们在人际沟通中永远不可能成功。

我们能做的，就是如同班尼斯特一样，想象成功，这不仅会激发我们的无穷动力，还能让我们从中汲取到源源不绝的动力和能量；我们能做的，就是对他人的风言风语置之不理，相信自己，并且用行动来证明自己的能力，不管遇到多少艰难险阻，义无反顾地攀登成功之巅。

最后，心理学家想提醒大家的是，自信是建立在合理的期望之上的。有的人对自己的期望远远脱离了现实基础，正如一个孩子刚学会走路，就开始研究如何通过火箭去飞翔，这是不现实的。

犯错误效应：小错误反而能够提升人际吸引力

法国卢浮宫内藏着40余万件艺术珍宝，每一件都堪称人类文明进步史的见证。尽管如此，《断臂的维纳斯》仍然脱颖而出，成为卢浮宫的“三宝”之一。失去双臂的维纳斯为什么如此受人欢迎呢？因为从美学角度看，缺憾也是一种美。

也许有人会疑惑，完美比不过缺憾美吗？心理学家认为，与完美相比，缺憾更真实，它能激发人类追求完美和进步的深层次力量，从而有了更积极的意义。这一点与心理学上的“犯错误效应”不谋而合。

“犯错误效应”，又叫“白璧微瑕”效应。心理学家认为，在人际交往中，与十全十美的人相比，那些才能出众但偶尔犯错的人更具有吸引力，也是人们喜欢交往的对象，即白璧微瑕比洁白无瑕更令人喜爱。

小李是销售部的经理，长得高大帅气，为人幽默风趣、谦逊有礼，妻子温柔美丽，儿子活泼可爱，最重要的是他的销售能力相当出众，为公司赢得了众多客户，也创造了巨大的利润。但奇怪的是，同事们虽然对他评价很高，但是都与他走得不近，更多的是一种尊敬，更令人不解的是，人们私下还给他取了个绰号，叫“完美机器人”。

有次周一公司开例会，大家都到齐了，但破天荒的是，小李居然迟到了，这可是从未有过的事情。等到他气喘吁吁地跑到办公室，向大家致歉后，老总不但没有批评他，反而打趣他更像个有血有肉的人了，员工们也似乎对他有了好感，开始笑脸相迎了。这令他百思不得其解。

俗话说：水至清则无鱼，人至察则无徒。完美的人并不一定招人喜欢，案例中小李的错误帮了他，犯错后的他看起来更真实，更像个活生生的人了。之前的他完美得不像真人，高高在上，人人敬而远之。另外，心理学上认为，人们其实喜欢有才能的人，但如果所有的鲜花与掌声都是送给他的，那不就显得其他人更平庸，更无能了吗？但如果这个有才能的人偶尔犯错误，双方间存在的压力降低了，心理距离也缩小了，其他人的自尊也得到了保护，因此更能受到他人的欢迎。

那么，一个人是不是只要多犯错误，就能得到他人的喜爱呢？当然不是！**心理学家认为，“犯错误效应”的产生是有条件的。犯错误者应该是那些非常优秀，非常有才能的人，而且是偶尔犯一些不痛不**

痒的小错误。相反，那些能力平庸的人犯错误，却会令人感到厌恶。

这个结论不是凭空得来的，而是建立在一定的研究基础上得出的。美国心理学家阿伦森曾设计过这样一个实验：一场激烈的演讲会上，坐着四位选手。其中两位选手才能不分上下，另外两位相对平庸，在比赛的过程中，才能出众的一位选手不小心打翻了桌上的一杯咖啡，才能平庸的一位选手也不小心打翻了咖啡。结果研究证明，打翻咖啡的才能出众者最受欢迎，其次是另一位才能出众者，第三受欢迎的是未打翻咖啡的平庸者，而打翻咖啡的才能平庸者最缺乏吸引力。

因此，如果你离强者还有很长的距离，“犯错误效应”此时对你并不奏效，你能做的是先努力修炼自身能力，成为一个有能力的人。若你是一位强者，在交际中想让大家更喜欢你，不妨适度暴露些“瑕疵”，犯一些无伤大雅的小错误，可为你赢得更好的人缘。

摆脱聚光灯效应：不用太在乎别人的看法

田丹从国内一所名牌高校毕业后，进入了一家世界500强的公司任英文翻译。她的形象气质俱佳，业务能力也很过硬，在不到一年的时间里，就被提拔为公司的首席翻译，专门负责总裁会议、出国洽谈等翻译工作。

工作顺风顺水的她，前途无可限量，据悉，她很可能会被公司调往英国总部，她本人也有意向在英国定居。

然而田丹居然在上个星期离职了，这一举动令她的亲人朋友们大跌眼镜。与田丹交好的闺蜜敏敏知道了事情的来龙去脉：

原来，一个月前，公司举办了一场高层商务晚宴，晚宴上还有不少客户参加。田丹在晚宴上谈笑风生，受到了高层及客户的一致赞赏。

中途，她去了一趟洗手间，回来的时候，可能是高跟鞋不太合脚，她趔趄了一下，摔倒在地上。她感觉尴尬羞愧极了，脸上一阵红一阵紫，恨不得有个地缝钻进去——要知道，在场的那么多双眼睛都盯着她，那可都是高层及核心客户呀！

这次晚宴后，田丹只要见到晚宴上的那些人，便感觉浑身不自在，总觉得别人好像带着异样的眼光看自己，有时候其他同事聚在一起窃窃私语，她也认为是在嘲笑自己……

她知道自己这样想是不对的，可是近一个月来，她始终无法从那日的阴影中走出来，于是便离职了。

案例中的田丹仅仅因为在大庭广众之下摔了一跤，便认为自己在他人眼中是可笑的、失败的，以至于无法直面同事，不得已而放弃一份前途似锦的工作，这实在令人惋惜。**心理学上把这种现象称为聚光灯效应。聚光灯效应这个概念是1999年由美国心理学家季洛维奇和萨维斯基首次提出来的，指的是人总不经意地过高估**

计他人对自己的关注，不自觉将自己置身社会舞台的中央，倾向于认为社会焦点（他人的目光）会像聚光灯一样洒在自己头上，觉察到自己的言行举止、情绪变化。

聚光灯效应，在生活中无处不在。

- 当你上了一辆公交车，车上坐满了人，就你一个人站着时，你是否觉得大家的目光都停留在你身上，并感觉浑身不自在？
- 当你穿了一件你认为非常有个性的衣服走在大街上时，你是否觉得大街上的人多看了你两眼？
- 当你当众演讲时，你双腿颤抖、声音紧张，你是否觉得大家好像看穿了你的失态？
- 十年前你当众摔跤的画面是否还会闪现在你的脑海，令你尴尬万分？

…………

我们似乎总习惯把自己放在舞台的中央，认为自己的糗事、尴尬事，别人一定会注意到，甚至是记一辈子，因此在别人面前总是不由自主地感到难为情、尴尬，严重的还会想方设法逃离。殊不知，这样的情绪若不能得到很好的排解，势必影响我们在人际场上的沟通。

那我们应该怎么做呢？你不妨回忆一下你的朋友犯类似错误是什么时候，想得起来吗？是不是很难记起？**心理学上认为：记住别人的错误要比记住自己的错误难得多，对你如此，对他人也是如此。你认为大家都在关注你，但其实关于你的事情，别人根本就不在乎——因为别人也同样认为自己是舞台关注的焦点**，他们关注自己还来不及，哪还有闲情关注你呢？因此，一定要记住一句话：他人对我们的关注，远远低于我们的想象。

当你摔跤后，你觉得自己尴尬万分，但事实上，身边的人更关注你是否摔疼了，而不是关注你的“出丑”。

当你紧张地演讲完，你会发现居然收获了雷鸣般的掌声，你告知朋友你很紧张，朋友却很诧异：“真的吗？完全看不出来呢！”

…………

因此，当你明白了聚光灯效应时，你就知道我们远没有想象中的那么重要。现在的社会都处于一种快节奏的生活方式中，每个人都为自己的事情忙得焦头烂额，谁有闲心去关注与自己不相干的事情呢？所以，当你再次发生糗事的时候，请不要在意他人的目光，我们不妨告诉自己，欢乐和悲伤、成功和失败都是对自己而言的，与他人无关，这样在人与人的相处中，我们会坦然许多。

小测试：你的沟通风格像哪一种动物

每个人都有自己独特的性格，有时候，你会惊奇地发现，你的性格跟某种动物在某种程度上是那样的相像。来做一做下面这个有趣的测试吧，看看你的沟通风格像哪一种动物。

要注意的是：请选择你认为最适合自己的陈述，选出你的实际反应而不是你认为自己应该有的反应。这里没有对错之分。如果你很难确定唯一的选择，那么选一个你自己工作时最自然或最可能做出的那一个选项。

1. 当我和别人说话时……

A. 始终都和对方保持目光接触

B. 一会儿看着对方，一会儿向下看

C. 谈话过程中大部分时间都在环顾四周

D. 尽力想保持目光接触但又不时地把目光移开

2. 如果我需要做一个重要的决定……

A. 在做决定前反复考虑

B. 靠直觉来决定

C. 在做决定前考虑这个决定对他人的影响

D. 在做决定前征求一个我所尊敬的人的意见

3. 我的办公室里或工作场所一般有……

A. 家人照片和有感情色彩的东西

B. 能够鼓励自己的艺术品、奖品或广告

C. 图片和图表

D. 日历和工作大纲

4. 如果我正在和别人发生争执……

A. 尽力把注意力放到积极因素上，从而使形势有所缓和

B. 尽力保持冷静并且尽量理解争执的原因

C. 尽量避免谈论引起争执的话题

D. 马上正视争执以便使争执能尽快得到解决

5. 当我在工作时间打电话时……

A. 一直都在谈论正题

B. 在进入正题前先聊一会儿

C. 不急于挂电话

D. 谈话尽量简短

6. 如果我的同事不高兴……

A. 问他是否需要我帮助

B. 让他单独待一会儿，因为我不想干扰他的私事

C. 尽量使他振奋起来并帮助他看到光明的一面

D. 感到不舒服，并希望他尽快好起来

7. 当我参加工作会议时……

A. 坐在后面，并在提出我的观点之前考虑一下我要说的内容

B. 和盘托出我的计划，让大家都知道

C. 热情洋溢地发表自己的观点，但同时也听取别人的意见

D. 尽量支持会上他人的意见

8. 当我在众人面前发表意见时……

A. 我很有趣且很幽默

B. 条理清楚，言简意赅

C. 相对而言，我的声音小

D. 直接、具体，有时声音洪亮

9. 当客户正在向我解释一个问题时……

A. 我会尽量去理解并同情他的感受

B.查询有关这一问题的具体事实

C.认真听取主要内容以便找出解决办法

D.我运用身体语言和语音语调向他表示我听懂了

10.当我参加培训课程或听他人演讲时……

A.如果进行得太慢，我会感到厌烦

B.尽量支持别人的观点，了解工作是多么困难

C.我希望它们能够引人入胜

D.琢磨发言人所说的道理

11.当我想使别人接受我的观点时……

A.我先听他们的观点然后很有礼貌地阐述自己的观点

B.我强烈地表达我的观点，以便使他们都能明白我的立场

C.我尽量说服他们，而不是把我的观点强加给他们

D.阐明观点时，会解释我的想法和理由

12.要参加一个面议或面谈，我却迟到了……

A.我不会惊慌，但我要先打电话说明我要晚几分钟

B.让其他人等我，我会觉得很羞愧

C.我非常不安，尽快赶到那儿

D.我一到就深表歉意

13.我会设定这样的工作目标……

A.我认为实际可行能够达到的

B.我认为富有挑战性，而且一旦成功会令人兴奋不已的

C.作为长远目标的一部分，我需要完成的

D. 一旦实现，能让我感觉良好的

14. 当我有求于同事，向他解释自己遇到的难题时……

A. 我尽可能地告诉他问题的每一个细节

B. 为了表明我的困境，我有时会把问题夸大

C. 我尽可能说明问题给我带来的感受

D. 我会说明我多么希望问题能够得到解决

15. 如果我在办公室等别人来开会，可是他们迟到了……

A. 我使自己一直忙于给他们打电话或工作，直到他们来了为止

B. 我猜出他们可能会晚一会儿，不会感到不高兴。

C. 我会打电话给他们，以证实我没有记错时间

D. 我觉得很恼火，因为他们浪费了我的时间

16. 当我未完成一个计划，而且感到完成它有一定的压力时……

A. 以一定顺序到一定时间为止，列出我需要做的每一件事

B. 抛开所有的杂念，集中精力做我应该做的事

C. 我开始着急，难以集中精力做任何事情

D. 我制定完成任务的日期，并努力按时做到

17. 当我被别人言语攻击时……

A. 我告诉他停止对我的攻击

B. 我感到受了伤害，却什么都不对他说

C. 我不理会他的怒气，尽力把注意力集中在发生的事上

D. 我言辞激烈地告诉他我不喜欢他的行为

18. 当我遇见一个我很喜欢但最近没碰过面的客户或同事时……

A. 我友好地和他拥抱

B. 我和他打招呼，但并没有和他握手

C. 我紧紧地但很快地握一下他的手

D. 我热烈地长时间地和他握手

当你做完题目后，请对照下面的记分卡进行打分。

记分卡

	A	B	C	D
1	支配型	和蔼型	分析型	表达型
2	分析型	支配型	和蔼型	表达型
3	和蔼型	表达型	分析型	支配型
4	表达型	和蔼型	分析型	支配型
5	支配型	表达型	和蔼型	分析型
6	和蔼型	分析型	表达型	支配型
7	分析型	支配型	表达型	和蔼型
8	表达型	分析型	和蔼型	支配型
9	和蔼型	分析型	支配型	表达型
10	支配型	和蔼型	表达型	分析型
11	和蔼型	支配型	表达型	分析型
12	分析型	和蔼型	支配型	表达型
13	分析型	表达型	支配型	和蔼型
14	分析型	表达型	和蔼型	支配型
15	表达型	和蔼型	分析型	支配型
16	分析型	支配型	和蔼型	表达型
17	支配型	和蔼型	分析型	表达型
18	和蔼型	分析型	支配型	表达型

通过这个测试，我们得出四种沟通风格（分别用四种动物表示）：支配型（老虎）、表达型（孔雀）、和蔼型（绵羊）、分析型（猫头鹰）。如果你的选择结果中某一种类型的数量大于或等于7个，那你就有这种类型的倾向。如果你的选择结果中某一种类型的数量大于或等于9个，那你就十分明显地属于这种类型。如果你的选择中某一种类型的数量小于5个，那你肯定不属于这种类型。

1.支配型（老虎型）

这类人独立、坦率、果断、讲求效率，在交际沟通中很强势，喜欢打断别人，交流的目的性也很强，关注结果。因此他们讨厌无效行为，不喜欢沟通时啰啰唆唆。他们是善于把握全局的人，属领导型气质。

2.表达型（孔雀型）

这类人外向、热忱、率真、有情趣，充满了自信表现欲，在沟通中，他们擅长表达，情绪和情感外露，也善于倾听，关注对方的感受，沟通中擅长用情感来说服人。他们希望成为被关注、被赞美的对象。

3.和蔼型（绵羊型）

这类人耐心、忠诚、平易近人，在沟通中充当倾听的角色，冷静少言，懂得换位思考，观察能力强，但同时这类人不愿做出决策，希望能有人助其一臂之力。

4.分析型（猫头鹰型）

这类人严肃、一丝不苟，在沟通中对事不对人，擅长分析，讲究秩序和逻辑，话不多，喜欢程序化的管理方式。他们不喜欢高谈阔论和毫无章法的表达，略微有完美主义倾向，做事谨小慎微，不敢承担风险。

第三章

顺利破冰，一开场就要“心心相吸”

用好首因效应：你给对方的第一印象非常重要

有位心理学家做过这样一个实验：他找来两个人做同一份试卷，这份试卷共有30道题，他要求两人都答对30道题的一半，即15道题。并要求A答对的题尽量出现在前15道题，B答对的题尽量出现在后15道题。之后他找了不少人来对A和B进行比较，找出谁更聪明，结果发现，大多数人都认为A更聪明。

A和B答对了相同数量的题目，为什么大家普遍认为A更聪明呢？究其原因，是心理学上所讲的首因效应在起作用。**首因效应又叫首次效应、优先效应或第一印象效应，是由美国心理学家洛钦斯首先提出的，指的是交往双方形成的第一次印象对今后交往关系的影响，也即“先入为主”带来的效果。**生活中的“一见钟情”“初恋是最难忘的”“新官上任三把火”“好的开端是成功的一半”等无一不是首因效应的体现。

我们都知道，第一印象有时候是片面的、不正确的，但不可否认的是，第一印象确实是最鲜明、最牢固的。第一印象的好坏往往会影响人们的后续交往，如果初次交往时给人留下的印象非常好，那么人们会很愿意与之交往，相反，人们对于第一印象反感的人，总是采取冷淡，甚至逃避的方式避免与之接触。**心理学研究发现，与一个人初次会面，45秒钟内就能产生第一印象，这一最先的印象会在对方的头脑中形成并占据着主导地位。**

如果你熟读《三国演义》，一定知道孙权拒用庞统的故事。与诸葛亮齐名的“凤雏”庞统曾想效力于东吴，但是庞统“浓眉掀鼻，黑面短髯，形容古怪”，孙权第一次见他时就心生不喜，后来又见此人傲慢无理，便将其拒之门外，并无视鲁肃的苦苦相劝。

很难想象，广招人才、广纳忠言的孙权竟然无视与诸葛亮齐名的奇才庞统，这充分说明第一印象的重要性。由此可见，那些拥有大格局的杰出人物尚且避免不了“首因效应”带来的影响，何况是我们普通人呢？爱美之心，人皆有之，外表亦是自我形象展示的重要内容，好的外表有助于我们人际交往。

因此，在交友、面试、相亲等社交活动中，我们一定要利用这种效应，在他人面前展示良好的形象，为日后的交流打下好基础。

那么如何利用“首因效应”给自己打造一个美好的“第一印象”呢？

- **衣着仪表得体**

美国有学者调查过，职业形象较好的人，其工作的起始薪金比不大注意形象的人要高出8%~20%。生活中，有人的确不爱收拾自己，但如果你处在一个新的环境中，建议还是注意一下自己的形象，至少要让人看起来干净整洁。本来你是一个有才能、有思想的人，却因为外在的形象而错失机会，岂不是很遗憾?

● **言谈举止落落大方**

与人交谈时，声音清晰平缓，语言简明扼要、有理有据，形象大方，不谄媚他人，也不高傲待人，不随便打断他人的谈话，不打听私事，不追问对方不想回答的事，如果可以，巧用幽默，别人一定会给你的第一印象打高分。

● **引导对方谈得意之事**

每个人内心都有自己感觉非常得意与自豪的事情，有时候很想在他人面前表现一下，但因为对方不提及，因此也不好意思开口。而这时，若你能巧妙地把话题引到此处，对方一定会欣喜万分，由此你们的关系也能更加融洽。

当然，尽管我们要有效利用“首因效应”，但也应该知道，首因效应具有先入性、不稳定性、误导性，如果你是一位面试官，根据第一印象来评判面试者是有失公平的；如果你是一位管理者，凭第一印象或片面的信息便对员工下结论就是狭隘的……我们能做的，就是接受他人带给我们的“首因信息”，并学会理性判断。

满足尊重心理：及时、准确、简要地介绍自己

在人际交往中，人与人之间想要相互沟通，自我介绍就是一种建立联系、增进了解的最基本的方式，是一把打开社交活动的钥匙，也是一种重要的礼仪。

那么，为什么要进行自我介绍呢？

心理学家认为，**人们初次相见时，彼此都有一种了解对方，并渴望得到对方尊重的心理。这个时候，若能及时、准确、简要地介绍自己，不仅满足了他人渴望了解你的愿望，也是对他人的一种尊重，这时对方也会以礼相待，进行自我介绍。**一个好的自我介绍，可为沟通成功打下良好的基础。

比如，一个人正坐在办公室工作，这时候有人在敲门，他走过去把门打开，门外站着一个陌生人。他脑海中升起的念头肯定是：他是谁？他来干什么？这就是心理学上说的“渴望了解对方”的心理。

如果你是这个陌生人，这时候就应该及时、准确并简要地介绍自己，满足对方想要了解你的愿望。从礼节上来说，这也是对对方的一种尊重。当你介绍完自己，对方也会以诚相待，后面的沟通也就水到渠成了。

相反，如果对方打开门时，你扭扭捏捏，遮遮掩掩地不愿“亮相”，哪怕对方主动询问你，你还是不愿意做自我介绍，那么对方心里肯定非常失望，于礼节上来说也是非常失礼的。

俗话说，好的开始等于成功了一半。因此，好的自我介绍有利于我们后续的人际沟通；反之，自我介绍把握不好，给他人造成了不好的印象，势必影响之后的交流。

一般来说，什么样的场合需要进行自我介绍呢？

● 当有陌生人在场时，及时介绍自己，方便大家认识。

● 在一些正式的场合，及时介绍自己，可以凸显自己对这个活动的重视与尊重。

● 当他人忘记自己的姓名时，及时介绍自己，展现的是一种友好体贴的态度。

不过，自我介绍可不是简单的自报姓名，它其实是一门学问和艺术，有许多技巧和尺度需要掌握，具体可参考如下几点：

1. 依据所处的场景及对象，随机应变

在一般的社交场合，如旅途中、宴会厅中等需要做自我介绍时，对象多为泛泛之交，这个时候的介绍做到简洁精练即可，介绍姓名足矣，比如，“您好，我叫林森”“我是王庆”。

在工作场合及公务交往中，自我介绍应包含姓名、部门、职务、负责的事项等，缺一不可。

在一般的社交场合，渴望与某人相识时，自我介绍不用太刻意，可以不着痕迹地把自己的兴趣、爱好，以及共同的熟人关系表达出来。当然，也可以适当地做些隐瞒，营造神秘感，激发对方与你进一步沟通的欲望。

在一些正式的场合如庆典、讲座等，做自我介绍时，就需要加入一些恰到好处的谦词和敬语，以符合场合的需要，营造彬彬有礼的交流氛围。

当交流对象是老者时，自我介绍最好认真规矩；当交流对象随和且富有幽默感时，自我介绍可以有特色些，尽量轻松展示自己的特点；地位低的人应该先做自我介绍，以便让地位高的人了解自己；年轻的应该先向年老的做自我介绍。

2. 言语举止要得体

介绍自己时，语言表达要清晰明确，让对方能听清听懂你讲的内容，这也是自信的体现，会让对方对你产生亲近的心理。如果扭扭捏捏、含混不清，就会给对方留下一个不好的印象。

语言要文明有礼，不要抖机灵。比如“我姓朱，丹朱的朱，不是猪马羊的猪”，这样的介绍是粗俗不堪的，对方也会认为你这样的人不值得交往。

介绍时要做到态度真诚有礼，但切忌过分夸张热情，比如拍打对方的肩膀、紧握对方的手不放等行为都是极其不礼貌的，会让对方感觉惊诧。

介绍时也要选择恰当的时机，打断对方的谈话是不礼貌的。

自我暴露效应：用坦诚的态度减少对方的戒备心理

心理学家认为，人际关系由低水平的信任和自我暴露开始。何为自我暴露？自我暴露是社会心理学中的一个重要概念，意思是：一个人自发地、有意识地向另一个人暴露自己真实且重要的信息，与他人共享自己的感受与信念。通俗地讲，就是向他人推销自己、展示自己、陈述自己。

为什么要这么做呢？心理学家认为，自我暴露可以激起心灵的碰撞，通过表达自己内心深处最真实的想法、情感、希望或恐惧等来获得对方的认同与好感，并会相应地得到对方程度相似的自我暴露，从而拉近双方的心理距离，加深和丰富人际关系。

小高是一名毕业于电子商务专业的大学生，他经过朋友推荐去一家互联网公司应聘电商运营岗位。到达面试地点时，他发现前来应聘此岗位的人非常多，这些人要么有经验，要么是名牌大学毕业，这令他心里发怵，也有些泄气。相比起来，自己显得毫无优势。

轮到他面试了，果然如他所料，面试官对他兴趣一般。这个时候，他突然想起朋友偶尔向他提起过，这位面试他的HR

是从贫困山区走出来的大学生，经过多年艰苦的打拼，才在城市站稳脚跟。于是，小高在面试即将结束时，趁机“暴露了自己”，他说自己如果应聘不上这个岗位，就要回到贫困的老家。这令HR一愣，随即问起了原因，小高于是将自己贫困的家境，想扎根城市的抱负说了出来，态度真挚，表情带着些许无奈。也许是因为相似的身世让HR心有触动，便又问了小高几个专业方面的问题，小高对答如流，表现得很优秀，最终小高通过了面试，被公司录取了。

这个案例中，小高运用“自我暴露效应”，真诚袒露了自己的秘密，获取了对方的同情与理解，成功得到了自己心仪的岗位。

由此可见，**想要构建良好的人际关系，就应该学会敞开自己，恰如其分地暴露自己。生活中，人们喜欢同敢于说实话、敢于暴露缺点的人交往，因为这种人通常是坦诚与磊落的。**

心理学上认为，自我暴露的层次越高，双方交往的程度也就越深。反过来说，随着信任与接纳程度的提高，双方在交往时会越来越多地暴露自己。那么，如何来评定自我暴露的层次呢？以下为自我暴露的四个层次：

第一层次，是关于情趣喜好方面的，如兴趣爱好、生活习惯等。

第二层次，是关于态度方面的，如对新闻热点的看法，对某人、某事的态度或看法等。

第三层次，是关于自我意识和个人的人际关系状况的，如自己的社会关系情况、自己的情绪、与家人和朋友的关系等。

第四层次，是关于隐私方面的，比如自己的秘密、不被社会所接受的一些态度和想法等。

这是否说明，暴露得越多，越利于人际沟通呢？这种想法是片面的，自我暴露并不意味着没有底线，它是一门艺术，讲究技巧与尺度。

首先，自我暴露的程度应该与对方暴露的程度一致。太少的自我暴露难以与对方建立积极的人际关系，并会被看作是难以接近、难以相处的人。同样，过多过早的自我暴露则会引起对方的反感、慌乱或焦虑，造成对方的不安与怀疑，从而破坏双方的关系。比如一个几分钟前刚认识的人开始推心置腹地把秘密告诉对方，势必会把对方吓跑。因此，**自我暴露必须以一种舒缓到不能使对方感到惊讶的节奏进行。**

其次，自我暴露不代表将内心的想法一股脑地向对方倾诉，而应该先将复杂的思绪厘清，再向对方正确地表达自己的观点和想法。

最后，自我暴露也要视对象而定。对于亲密的家人和朋友，可以进行较高层次的暴露；对于普通朋友，做中等程度的暴露；对于泛泛之交，浅层次的自我暴露足矣。

光环效应：放大你身上的亮点

一款品牌响亮的产品其质量也一定好。

一个某领域成功的商人在其他领域也会成功。

塑造了一个好爸爸形象的明星在私生活中也是模范。

有魅力的人更容易事业有成。

漂亮的人更可爱、更诚实、更聪颖。

心爱的他哪怕睡觉打呼噜都是可爱的。

一个人品行很不错，然后便赋予他一切美好品质，并认为他的家人和朋友也都不错。

心理学上把以上这些以偏概全的评价倾向称为“光环效应”，专业的说法是由认知特征泛化并逐渐推及其他方面的现象。在光环效应的笼罩下，一个人的优点被无限地放大，就像月晕的光环一样，向周围弥漫、扩散，因此“光环效应”又被称为“晕轮效应”。此效应最早是由美国著名心理学家爱德华·李·桑代克于20世纪20年代提出的。

在人际交往中，光环效应无处不在，“情人眼里出西施”“一白遮百丑”“爱屋及乌”无一不是光环效应在社会生活中的体现。

这里给大家讲一则关于光环效应的小笑话。

一位教师在上课的时候，发现有两个同学居然睡着了，并且他们都把书放在自己的前面。于是，这位教师很生气地把其中成绩差的那一个同学叫醒，指着另一个睡着但成绩好的同学对他说："你看看他，睡觉的时候都不忘看书，而你呢，居然在看书的时候睡着了，太不像话了。"

同样是睡觉，为什么在老师面前却受到了截然相反的待遇呢?这就是光环效应的缘故。因为成绩好，老师便对该学生形成了一个整体良好的评价，所以哪怕上课睡觉也是可以被理解的。不得不说，光环效应真的会让人丧失客观的判断。正如荧屏上的大明星，有些只是凭借光鲜亮丽的外表，便引得粉丝们趋之若鹜。尽管大多数人都知道这样的行为是失之偏颇的，但还是无法避免会被光环效应所左右。

当你看到这里时，也许会很疑惑，这个"光环效应"似乎和"首因效应"很相像。二者的确有相似之处，但也存在差异。**心理学家认为，"首因效应"是指第一印象带来的效应，"光环效应"则建立在双方交往了一段时间后，因对方某种突出的品质而进行推理产生的，它的人际认知比"首因效应"更有深度。但是在人际交往中，当"首因效应"起作用的时候，"光环效应"也开始起作用了，不同的是"光环效应"会贯穿人际交往的全过程。**

不可否认的是，在人际交往中，如果我们能善用光环效应，将对我们的人际关系产生积极的影响。

1.如果你长相平平，那就多充电，多学习，正所谓"腹有诗书气自华”，“气质”比所谓的颜值要高级多了。

2.如果你相貌一般，又不爱学习，那么锻炼出健壮的身体也是可以为自己加分的。

3.当然，如果你有某项突出的技能，比如打架子鼓、跳街舞、绘画……这些都能在某些场合成为你的“必杀技”，为你赢得他人的赞赏。

4.在你的专业领域不断打磨和钻研，成为所在领域的专家，比如理财达人、作图高手、资深策划等，相信我，这些可以极大地提升你的存在感。

总之，好印象不是凭空来的，更不是取巧，它与一个人的学识、修养、气度等息息相关。为了“好印象”，我们需要做出一定的努力，光环效应才能发挥应有的作用。

当我们懂得如何利用光环效应为自己的形象加分时，也应该理性地思考，当我们评价他人时，要避免“光环效应”带来的片面性。心理学家认为，光环效应具有遮掩性、表面性及弥散性的特点。因此对他人我们不应过早做出评价，而应该尽可能与之进行更多的交往，以此促进相互间的进一步了解。

自己人效应：寻找与对方的共同之处

你的手机坏了，需要购置一部新手机，你倾向于买苹果手机。这时候，你的朋友恰好向你推荐了华为，并且顺带介绍了华为某新款手机的优点。于是，你采取了朋友的建议，最后买了一部华为手机。

你因为工作的事情被领导批评了，心里又生气又委屈，这时候，有两个人对你进行了开导。第一个开导你的人，你一直不太喜欢他，尽管他说得很客观，并适时指出了你的问题，你却依然很反感；第二个开导你的人是与你关系很密切的一位朋友，他很客观地分析了事件的利弊与对错，你很快便接受了他的观点。

心理学把以上两种生活中很常见的现象称为“自己人效应”，又称为“情感共鸣效应”，指的是对“自己人”所说的话更信赖，更容易接受。那么如何定义“自己人”呢？**“自己人”指的是与自己志向、价值观等相近，或者是处于同一地域、组织的人。**一般来说，人们更愿意与“自己人”相处，更愿意信赖“自己人”。

因此，从人际关系的角度来分析，若想让对方接受你的观点及建议，就应该先让对方从心里接受你，认同你是“自己人”，并觉得你是站在他的立场说话，真心实意为他着想，这样，他才能卸下戒备之心，并很容易地接受你的观点和建议。

那么，我们应该如何利用“自己人效应”为自己在人际交往中加分呢？

1. 寻找并强调与对方的共同之处

心理学家认为，“自己人”具有可接近性、相似性、互补性和相容性的特征。我们要想制造“自己人效应”，就应该努力寻找双方的相似之处。**心理学家认为，态度与价值观的相似最易获取认同感**，但是我们也知道，态度与价值观是否一致，短时间内较难发现，因此，我们不妨强调一些显而易见的共同之处，比如来自同一个地方、于同一所大学毕业、有共同认识的朋友、有相同的经历等。你相信吗？大多数人对这种善意的客套并不会拒绝。

2. 让对方感知“我喜欢你”

心理学家认为，除了态度和价值观的一致性，“情感的相悦性”也会迅速缩短双方间的距离。情感的相悦性，就是“因为你喜欢我，所以我喜欢你”，这是一个人际吸引律。当我们感知某人喜欢我们时，我们就会想和那个人建立起友好关系，可谓非常神奇。

因此，如果你想让某人喜欢你，成为“自己人”，就应该努力让对方先感知到你喜欢他。

3. 优化自己的品质

社会心理学家指出，人的内在品质是产生持久吸引力的关键，而不良的性格特征会阻碍人与人之间的吸引，不利于“自己人效应”的产生与发展。国外有位学者，曾列出了555个描写个人品质的词，然后让人们从中挑选出最喜欢与最讨厌的词，结果显示，“真诚”最受欢迎，“虚伪”最为人所厌恶。如果你想获得他人的喜爱，就从加强自身的修养做起吧，让自己成为一个真诚、热情、友好的人。

巴纳姆效应：让对方感觉你最懂他

在心理学上有一个十分常见的效应——巴纳姆效应。它的主要内容是：**每个人都会很容易相信一个笼统的、一般性的人格描述特别适合自己。即使这种描述十分空洞，人们仍然会认为它反映了自己的人格面貌，哪怕自己根本就不是这种人。**

在沟通中，巴纳姆效应可以帮助你在不了解对方信息的情况下，表现得“善解人意”，让对方感觉十分亲切。

在下面这个案例中，高情商沟通者阿文就成功运用了巴纳姆效应，获得了沟通对象的青睐。

阿文是一名情商很高的沟通高手，他特别擅长和陌生人打交道，每次只要说上三言两语，就能打开局面，和对方深入交谈起来。

有一次，阿文接受了朋友阿军的邀请，去参加一个聚会。在聚会上，一位十分漂亮的女孩吸引了他们的目光。

阿军率先走了过去，和女孩攀谈起来，他不停地问人家的年龄、姓名、工作……女孩有些生气地说：“这是我的个人隐私，我不想告诉你，请你走开！”

阿军沮丧地回到了阿文身边，阿文笑着说：“你看看我是怎么做的吧。”

阿文来到女孩身边，笑着对女孩说：“我的朋友有些鲁莽，冒犯了你，我来替他道个歉。”

女孩点了点头，客气地说：“没关系。”

阿文趁热打铁道：“人家都说漂亮的女孩特别傲慢，我觉得你肯定不是这样。我一眼就能看出来，你是一个善良温柔、有亲和力的人。你的做法我也能够理解，女孩要注意保护自己，所以对陌生人不得不表现出一些冷淡。可要是相熟的朋友需要找你帮忙，你肯定会很热情地回应的，你说对吗？”

女孩听着阿文巧妙的赞美，有些羞涩地微笑起来：“你怎么知道的？我平时确实是这样的。”

阿文赶紧在女孩身边坐下，热情地和女孩交谈起来。阿军看到这一幕后，对阿文十分佩服，但他不明白阿文为什么能够用几句话就拉近了和女孩之间的心理距离。

显然，阿文在与女孩沟通时，就熟练地运用了“巴纳姆效应”。他在和女孩素不相识的情况下，使用了一些笼统、模糊的说法来描述女孩的“人格特征”，却偏偏能够让女孩十分信服。

巴纳姆效应为什么会有如此神奇的效果呢？早在1948年，心理学家福勒就通过实验对这一效应进行了证明。

当时，福勒给一些学生发放了调查问卷，对他们进行了人格测评，学生们可以对问卷上的描述进行契合度的评分：如果与自身情况完全契合，则计5分；完全不契合，则计0分。

最终回收问卷统计后的平均评分为4.26分，也就是说，大多数学生都认为描述反映了自己的真实人格特质，然而福勒却告诉他们，所有人得到的问卷是一模一样的，上面都写着这样的笼统话语："你祈求受到他人喜爱却对自己吹毛求疵……你喜欢一定程度的变动并在受限时感到不满……有些时候你外向、亲和、充满社会性，有些时候你却内向、谨慎而沉默……"

福勒告诉参加测评的学生们，这些人格描述是从星座书上收集来的。可就是这些空洞的话语，却能让无数人笃信不疑，而这就是巴纳姆效应的神奇之处，它产生的原因可以用心理学的**"主观验证"**来解释：**当人们想要相信一件事的时候，就会从自己脑海中的"资料库"中收集各种能够支持这件事的证据，哪怕证据和这件事并不相关，人们也会自己制造一个逻辑让它符合自己的设想。**

如果你想要在沟通中快速破冰，消除对方的戒心和疑虑，就可以用巴纳姆效应来帮忙——**用笼统的方式、使用一些空洞的描述语去描述对方，对方便会开始进行"主观验证"，进而会认为这说的就是自己，同时也会认为你很懂他，**沟通也就可以顺畅地进行下去了。

就像案例中的阿文，他在和陌生女孩打交道时，就使用了这样的描述："你是一个善良温柔、有亲和力的人""对陌生人不得不表现出一些冷淡，对朋友却很热情"……其实这些话语可以套用在任何人身上，而女孩却不由自主地认为阿文一眼看出了自己性格中的优点，并对阿文产生了好感。

当然，在实际应用时，想要让巴纳姆效应发挥出奇效，还需要掌握以下这两个小技巧：

1. 从对方的基本情况入手进行描述，更容易取信于对方

在使用巴纳姆效应前，你可以**快速地观察一下对方的基本情况**，找到对方在外貌、年龄、职业方面具有的特点，**再描述对方的性格、心理**，对方便会"深以为然"。比如，案例中的阿文就是从女孩"外貌漂亮"的特点入手，指出"漂亮的女孩特别傲慢，我觉得你肯定不是这样"，这句话一方面恭维了女孩的长相，另一方面承认了女孩的性格并非"傲慢"，女孩便会欣然接受。

你在遇到不同的沟通对象时，也可以多做这样的简单观察，比如，对方是处于青春期的孩子，你可以这样描述："都说青春期的孩子叛逆心理特别强烈，可我在你身上就没有看到这一点，你只是有自己的想法……"

再如，对方是刚刚入职的年轻人，你可以这样描述："你有非常强烈的目标，但是心中有时也会感到迷茫，不知道自己正在做的事情有什么意义……"大多数刚进入职场的年轻人都会有这样的

心理，所以你的描述一定会让对方感到很贴心，对方也会愿意和你谈一谈工作上遇到的苦恼。

2.可以使用一些负面描述，再进行推翻，对方的感受会更加强烈

在使用巴纳姆效应时，你可以**故意做出负面描述，引起对方的好奇心后，再进行推翻**，对方的思维会一直受到你的牵引，并会惊讶地发现你对他的“了解”是如此深入。

比如，在和一名律师聊天时，你可以先这样说：“我经常听人说从事法律行业的人都比较古板、固执……”这样的负面描述肯定会让对方心中生出紧张感，同时对方也会开始好奇，想知道你到底要说些什么。

这时你就可以自我推翻：“可我发现您就不是他们说的那种样子，我一看到您的着装打扮，就知道您是一个有生活情趣、懂得审美又不喜欢循规蹈矩的人……”

听到这里，对方心中肯定会产生这样的想法：“他说得太对了，我就是这样的人。”

总之，你要**学会用那些模糊的但又是对方不可能否认的说法，引导对方自己去进行主观验证，让他觉得你就是在讲他，**这样他就会有一种被理解、被尊重的感觉，你们之间的心理距离也就能够被迅速拉近，沟通便不会再是一件难事了。

近因效应：认真对待每一次交往

我们常常因为朋友的一句话伤了和气，脑海里已经忘记了当初相遇时的场景，最近吵架闹翻时的场景却是记忆深刻。

情侣平常相亲相爱，但若是最近频繁吵架，便会改变之前对对方的好印象，脑海中只有“他对不起我”的念头，使自己处于委屈、愤怒的状态。

你暗恋一个人，但是最近这个人却做了件让你大跌眼镜的事，于是过去你对他的好印象便无影无踪了，只有最新的负面印象。

这都是生活中的常见现象。在人际交往中，**随着与人交往的加深，我们对他人最新的认识在头脑中占了主体地位，掩盖了以往形成的对他的评价，心理学把这种现象称为“近因效应”，也称为“新颖效应”，专业的说法是最新出现的刺激物促使印象形成的心理效果。此效应1957年由心理学家卢钦斯首次提出。**

如此看来，近因效应与首因效应是互为相反的两种效应，但是我们也知道，首因效应对今后交往关系的影响是非常大的，第一印象会在认知者的头脑中形成并占据主导地位。那么，当沟通对象表现出两个以上不同的刺激物时，认知者是产生首因效应还是近因效应呢?

心理学家卢钦斯认为：如果刺激物不是当场依次出现，而是间隔了较长时间，那么近因效应会起作用。即陌生人之间，首因效应起作用，而熟人之间，往往是最近一次的记忆，即近因效应起作用，这也就是为什么我们总是记得与朋友最后吵架分别时的场景。

近因效应还有一个别称——亲密关系的杀手。因为近因效应只发生在亲朋好友之间，如果把握不好，势必影响彼此的交往和沟通。我们应该如何做，才能避免近因效应带来的负面效果呢?

1.善始善终

在人际沟通中，待人做事要善始善终。你给他人留下的第一印象非常好，这是一个好的开端，但这是远远不够的，我们更要给他人留下好的“最近印象”，认真对待每一次的交往，让好印象在他人心中不断得到巩固和强化，只有这样，才能树立良好的个人形象及口碑，双方的交往也才能不断得到延续和发展。相反，“最近印象”很差的话，先前塑造的良好的“第一印象”也就前功尽弃了，哪怕是最亲的人，也会因你最近差劲的表现而给予很低的评价。要知道，“最近印象”是会不断刷新并改写“第一印象”的。

2.控制情绪

生活中有很多人，对待陌生人十分客气，对待身边最亲近的人却总是缺乏耐性，一言不合就开始发脾气。殊不知，这样会给身边的人造成很大的伤害，越是亲近的人，越是要耐心对待，我们应该把最好的一面展现给家人和朋友。

因此，在与熟人相处的时候，我们要学会克制自己的情绪，心胸宽广一些，谦和大度一些，不要让矛盾进一步激化，最好等到双方情绪平稳以后再交流。

小测试：你给人的第一印象如何

学习了“首因效应”，我们知道在人际交往中，给对方留下良好的第一印象十分重要。如果你想知道你在大家心中的第一印象如何，就来完成这套测试题吧！测试题分男生版和女生版，请根据你的实际情况从下面各题所给备选答案中选出最符合你的一项。

男生版

1.你和对方第一次会面时的表现是？

A.自然大方，热情诚恳。5

B.大大咧咧，漫不经心。1

C.紧张慌乱，羞怯拘泥。3

2.在见面的最初几分钟里，你能很快发现你和对方的共同点或感兴趣的话题吗？

A.既快又准。5

B.一直未发现。1

C.很久才发现。3

3.你和对方谈话时的坐姿是?

A.双膝并拢。5

B.两腿叉开。1

C.二郎腿。3

4.你与对方谈话时，两眼总是盯在哪儿?

A.对方的眼睛。5

B.另外的人或物。1

C.自己的身体。3

5.你和对方谈话的主题选择的是?

A.双方都感兴趣的。3

B.对方感兴趣的。5

C.自己感兴趣的。1

6.你和对方谈话时间的分配是?

A.对等。3

B.对方多于自己。5

C.自己多于对方。1

7.你谈话的声音是?

A.很低，对方难以听清。3

B.温和而低沉。5

C.大嗓门、高亢热情。1

8.你与对方谈话时会有手势动作吗？

A.偶尔有。3

B.没有。5

C.不时有。1

9.你与对方谈话的语速是？

A.连珠炮。1

B.慢慢腾腾，上句不接下句。3

C.节奏适度，吐字清楚。5

10.当对方谈及你不感兴趣的话题时，你的反应是？

A.打断对方谈话。1

B.表现沉默而不耐烦。3

C.认真听下去，从中发现兴趣。5

11.经过初次见面交谈，你能对对方的言行、知识、能力等方面做出积极的、赞扬性的评价吗？

A.不能。1

B.不确定。3

C.能。5

12.你和对方握手分别时，下次见面的时间、地点是由谁提出的？

A.对方提出。1

B.双方谁也没提出。3

C.自己提出。5

评分与解释

47~60分：第一印象极好。

你温文尔雅，举止有度，给人留下了最佳印象。和你接触过的人都感到你和蔼可亲，即使那些异国他乡的人对你也有一见如故的喜悦。你要注意的是防止你不爱的人对你一见钟情。

23~46分：第一印象一般。

你有令人喜悦的因素，所以你不会给对方留下不好的印象。但是，你对人的吸引力也不是很强。在情场上，初次见面你就被对方爱上的情形不多，你要努力表现自己，使第一印象得到改善。

12~22分：第一印象不佳。

也许你没有故意给对方留下不佳印象，但你的行为举止却容易使人产生误解，这是由于你不懂得与人交往是一种艺术，改进的办法是学会换位思考，“己所不欲，勿施于人”。

女生版

1.你的分发类型是？

A.中间分开。1

B.向左或向右分开。3

C.没有分开。5

2.你的声音最接近于下列哪一种？

A.高亢而尖锐的声音。1

B.嗓门大而响亮的声音。5

C.温和而低沉的声音。1

D.普通。5

3.看到照片上自己的模样时，心里有何感想？

A.这张照片照得不错，很高明。5

B.完全不像自己。1

C.一般，凑合。3

D.总是令人感到讨厌。1

4.与人说话时，你的眼睛盯住对方何处？

A.嘴巴。1

B.眼睛。5

C.脸部。3

D.经常看其他地方。1

5.坐在椅子上时，你采用哪种姿势？请你在附近的椅子上坐下，实际确认一下。

A.两腿叉开地坐着。5

B.二郎腿。3

C.脚跟靠拢地坐着。1

6.笑的时候，鼻子和嘴唇之间显露出横向皱纹吗？

A.出现一根很长的皱纹。5

B.出现短皱纹。3

C.没有产生皱纹。1

7.你左手指甲现在怎样？

A.指甲长而且很脏。1

B.修剪得短而整齐。3

C.指甲修长而美丽。5

8.在一直很拥挤的公共汽车内，碰到过被人攥住手或者其他讨厌的事情吗？

A.经常碰到。5

B.1~2次。3

C.没有。1

9.有过被老师和长辈认为心眼坏而生气的事情吗？

A.没有。5

B.仅1~2次。3

C.常有。1

10.有过被初次遇见的小伙子打招呼和发出约会邀请的事情吗？

A.有过，2~3次。5

B.1次。3

C.根本没有过。1

11.请用镜子照一下你的牙齿，你的牙齿怎么样？

A.蛀牙或脏而发黄。1

B.雪白而美丽。3

C.排列不太整齐。5

12.与人说话时，你手的动作是什么样的？

A.几乎不用手势。3

B.喜欢打手势。5

C.常用手捂住嘴巴。1

评分与解释

12~25分：难以接近的封闭型形象。

也许是你觉得给人以亲近的印象过多不好的缘故造成的。不知你是否有过无意之间面带怒容之时，便被他人误认为冷若冰霜、难以接近的情形。

26~39分：第一印象一般。

你不会给人留下坏印象，但你能够给人造成强烈印象的特征也不多。由于只留下不显眼的、单薄的第一印象，所以你必须抓住一点特征，充分显露你的风采神态。

40~53分：惹人喜爱，平易近人的形象。

你平易近人，给人以强烈的第一印象。和你见过面的人，都感到你很受欢迎，无论是谁，内心都想和你接近。你的第一印象中带有许多人都喜欢的因素。

54~60分：个性强、令人难以忘却的形象。

你给人留下的第一印象非常强烈，有时令人难以忘怀。你具有一种魅力，使初次见面的人也会感到像是故友重逢的亲切感。但是，有时往往让人误解，经常有你并不喜欢的人向你求婚。

第四章

心领神会，逐渐掌握沟通的主动权

用“心”透视对方的内心世界

中国有句老话叫“相由心生”，意思是可以透过一个人的面相来看出一个人的心思，但是中国还有句老话叫“人不可貌相”，即仅仅通过一个人的相貌来识人是非常片面的。的确，在这个竞争越来越激烈的社会，人心变得越来越复杂，真真假假，虚虚实实，让人捉摸不透，想要看清一个人真实的内心，实在不是一件容易的事。

但是，作为社会中的一分子，我们不可避免地要与人打交道，因此学会看透形形色色的人，学会用“心”透视他们的心理，有助于我们在人际交往中占据主导地位，从而结交到真正交心的朋友。虽然我们不会读心术，但是下面8个角度可以帮助我们更准确地了解对方。

1.传播正能量还是负能量

生活中总有两种人：一种人张口闭口都是消极、负面的词汇，他们的眉头总是皱着，表情总是透露着不满，只要靠近他们，就容易变成一个吹毛求疵、垂头丧气的人；还有一种人，他们对生活充满激情，脸上时常带着笑，总是用乐观积极的心态去工作和学习，一靠近他们，心情似乎也变得明朗了。

心理学家认为，如果想要进步，那么在人际交往中，我们应该多和那些充满正能量的人相处。

2.说得多还是听得多

在人际交往中，很多人羡慕那些能说会道、自信满满、口若悬河的人，觉得他们见多识广、博学多才，无论在什么场合，总是能成为大家关注的焦点。但是，若一个人总是只顾自己说话，不给其他人表达自己的机会，那就要考虑他对待人际关系的态度了。

心理学家认为，说得多的人，总是渴望得到他人的关注，以自我为中心，十分在乎自己的感受，而对他人不感兴趣，忽略他人的感受。而那些善于倾听的人，通常有着沉着冷静的性格，缜密的思维，同时也是性格温和、有包容心的人。

3.口头派还是行动派

在工作中，有的人是口头派，有的人是行动派。如何区别呢?当任务下达后，口头派的反应是防御、抵触、批判；行动派的反应是立即投入行动，并想方设法解决问题。

如果你是一位管理者，当然喜欢行动派。

4.观察他的选择

人们总是在人前善于伪装，但是难以欺骗自己，尤其是碰上人生重大节点，如升学、婚姻、就业、升迁等，一个人的选择往往能反映出他的本质。通过他的选择，我们可以分析出他是勇敢的，还是懦弱的；是真诚的，还是虚伪的；是有抱负的，还是不求上进的；是果断的，还是犹疑的。

5.观察他的朋友

俗话说，物以类聚，人以群分。对一个人朋友的观察是了解这个人的重要方法，人与人之间能成为朋友，大多是因为兴趣类似、“三观”契合、身份平等。如果对方的朋友大多混吃混喝、不务正业，那么他的品行也高尚不到哪里去。相反，如果身边的朋友大多勤学上进，有责任有担当，为人真诚善良，那么这个人的素质也不会差。

6.观察他对待服务人员的态度

观察他对待护士、的士司机、餐厅服务员的态度，是真诚、包容、友善的，还是颐指气使、得理不饶人的？通过对待弱者的态度，能看出一个人的教养。

7.对某些事情是否有病态般的执着？

比如他过分关注自己的身高，说明这是令他自卑的地方；过分执着于穿搭，说明他对自己的外貌很自卑……他病态般地在意某方面，那很可能就是他在意的弱点。

8. 你愿意和他待在一起吗？

这是一个非理性的问题，但是你的直觉却能告诉你，这个人是否易于相处。

试想一下，你和他同时被困在电梯里，你是否愿意长时间和他待在一起？还是会觉得尴尬、不自然？相信自己的直觉吧。

最后，**再高明的识人术，再厉害的读心技巧，也有识不破的人。正所谓“路遥知马力，日久见人心”，无论你如何看待他，时间会证明你的对错。**

表情符号，心灵深处的另一面

在人际沟通中，你有没有如下的体会：当你情绪很激动的时候，你会伪装成面无表情的样子；当你笑嘻嘻的时候，其实你的内心很难过；当你微笑着对甲方说“方案还不错”时，实际上却并不打算与对方合作；当你见到一个笑容满面的人时，脑子里却冒出了“笑里藏刀”这个词……

这些说明了什么呢？说明人的表情是可以伪装的，具有迷惑性，让人看不清庐山真面目，这正如老话所说的那样——知人知面不知心。

人类有自我保护的本能，因此不愿意暴露全部的真实想法。于是人们极力给自己戴上“面具”。但是**心理学家认为，无论怎样伪装，总会有破绽的，比如指尖颤动、肌肉抽搐、眼神飘忽等，而这些“微表情”，恰恰能暴露对方的真情实感**。因此在人际交往中，准确解读对方的“微表情”，从而窥视对方真实的心理活动，可以让我们在人际交往中更游刃有余。

那么，如何通过细微的表情符号来分析对方的心理呢？可以看看如下几点：

1.注意对方脸部的重要线条

有研究表明，人的脸部有43块肌肉，可以组合出1万多种表情，其中3000多种具有情感意义。其中，眉毛、额头、嘴周围，以及眼部周围的肌肉动作对辨认情绪特别重要。比如眉毛和额头区域，最容易泄露恐惧和伤心的情绪，要注意观察眉毛是上扬还是下垮，额头出现的是横纹还是竖纹；嘴角周围，最容易泄露愉悦和厌恶的情绪，要注意观察嘴是微张还是紧闭，嘴角是上扬还是下垂；眼部周围，则能体现很多情感，如悔恨、开心、悲伤等。如果忽视这些细节，是很难洞察对方心理的。

2.抓住脸部的无意识情态

心理学家认为，当一个人面无表情时，很可能是在极力压抑自己的情感，这时肌肉会处于紧绷的状态，面部会无意识地呈现出细微的、不均衡的表情。如果你会分析，就能够准确分辨他内心真正的情绪。

● 愤怒。当人感到愤怒时，眼睛是用力的，所以上下眼皮会紧绷，视线会高度集中，嘴角也会下垂。

比如，某员工把业绩单摆在领导面前，领导看完后，员工发现领导眉毛和眼睛之间的距离越来越近，视线也越来越集中，嘴角紧抿，毫无疑问，一场暴风雨即将来临。

● 恐惧。当人感到恐惧时，他的上眼睑会上扬，下眼睑呈现紧张状，仔细观察，还能发现他的嘴角或鼻孔微张。

● 厌恶。当对某个人或某件事产生厌恶情绪时，眉毛会朝眉心方向挤压，上眼睑、下眼睑的肌肉也会彼此朝着对方移动。

● 惊讶。当感到惊讶时，眼角会朝着四周扩张，嘴巴也会微张。

● 悲伤。当感到悲伤时，最明显的表情是眼角周围会呈现三角形，嘴角耷拉。心理学家也认为，悲伤是最难以伪装的表情，除非经过特殊的训练。

● 愉悦。当感到愉悦时，嘴巴和眼睛周围的肌肉会同时抽动，但如果是假装出来的愉悦，只有嘴巴会出现动作，比如嘴角上扬，而眼睛四周的肌肉是不动的。

不过要注意的是，无意识情态出现的时间都非常短，通常一闪而过。因此，通过表情符号探索他人的内心世界，往往需要我们有敏锐的观察力与专注力。

眼睛是心灵之窗，透露对方的心理秘密

在人的五官中，眼睛有“五官之王”的美誉。微表情专家也认为，眼睛是五官中最敏锐的，人们会不受意识控制地通过眼神表达内心最真实的情绪，只不过这个细微的变化难以察觉。

一个人的想法与目的会通过他的眼睛泄露出来。生活中，看眼识人十分常见，破案人员通过嫌疑犯的眼神来揣测其作案动机，面试官通过应聘者的眼神来分析其是否能胜任岗位……那么同理，在社交活动中，我们若能通过一个人的眼神准确揣摩其心理活动，将对我们的人际交往起到帮助作用。

那么，如何来识别不同的眼神呢？不同的眼神又代表着什么含义呢？

1.躲闪的眼神

当一个人说话时眼神坚定，我们通常认为他说的话比较可靠，相反，眼神躲闪时，则意味着虚情假意、欺骗。但是，心理学家认为，善于伪装的人更喜欢与他人进行眼神接触。是不是感到大吃一惊呢？也许是因为他们深知对方正寻找他们欺骗的痕迹，因而故意延长眼神接触的时间。

比如，妻子询问丈夫昨晚在哪里吃饭，正常情况下，一个人在

试着唤起自己的记忆时，目光是会转移的，但如果丈夫提前准备好了答案，那么他的目光不会移动，反而会注视着妻子回答。

2. 微笑的眼神

你能分清一个人是真笑还是假笑吗？**心理学家认为，真心微笑是自发的，属于大脑无意识的活动，因此人们高兴的时候，嘴巴的肌肉会移动，眼部轮匝肌和眼眶部分会缩紧，使得眼角皮肤皱起，产生皱纹。相反，假笑是可以制造出来的，大脑会有意识地促使脸部的颧肌主要肌肉群缩紧，使得嘴角向上提拉，但是眼睛周围却是没有变化的。**

3. 喜爱的眼神

我们还可以从他人的眼神中读取到喜恶。比如有个人正在追求你，如果他真心喜欢你，那么与你交谈时，他的眼神会很专注，多半有凝视行为；相反，如果他的眼神飘忽不定，眼睛滴溜溜地转，那么说明此人心不在焉，对你多半是敷衍。

4. 拒绝的眼神

当我们打心里反感一个人或一件事时，我们会下意识出现闭眼、垂眼或遮眼的行为，这是拒绝的信号。比如，快下班的时候，领导通知你加班，你很可能会迅速地垂下眼睛，或者下意识地揉眼睛，这说明你的内心充满了拒绝。

总之，眼神的秘密很多，透过眼神，不仅能猜测他人的内心想法，还可以大致判断对方的性格和为人。当然，这些都需要经过后天的培养与训练。

从下意识的小动作解读对方的心思

在社交活动中，我们总能发现不少“口是心非”的人，但是“身是心非”的人却并不多。这是因为语言具有欺骗性，但是谈话时不由自主做出的小动作却能透露出一个人的真实情绪。**加拿大蒙特利尔大学的相关研究证明，当人遇到自己不能控制的情绪，如紧张、焦虑时，会通过做一些诸如咬指甲、遮眼睛、摸鼻子、抚摸脖子等小动作来掩饰自己，心理学家认为这些小动作能给人带来某种形式上的抚慰。**

当然，我们并不能通过这些小动作把对方心理掌握得一清二楚，但至少可以从小动作上判断语言的真实性，从而做到心中有数，把握语言的分寸。

那么，现在就来研究研究正和你谈话的人吧，看看他是不是在“有一说一”。

1. 当用手遮住双眼时

心理学家认为，当人或动物在恐惧不安的时候，会用尽一切方法遮挡自己，令自己与眼前的事物隔开，这个动作叫作遮蔽行为。

据调查，很多美国人在回忆“9·11”事件时，会下意识地用双手遮住自己的双眼，这说明这个事件令他们感到不安和恐惧。因此，当你正和人交流时，对方突然用手遮住了双眼，说明你的语言可能令他感到不安。

2.当抚摸鼻子时

在交流的过程中，你发现对方出现了摸鼻子的行为，小心，这是撒谎或隐瞒的信号。

为什么撒谎的时候会下意识摸鼻子呢？美国芝加哥的嗅觉与味觉治疗与研究基金会的科学家们发现，人在撒谎时会分泌儿茶酚胺，这种物质会引起鼻腔内部的细胞肿胀，同时，血压增高使得鼻腔的神经末梢传送出刺痒的感觉，于是人们便通过用手摩擦鼻子来缓解刺痒感。

3.当咬嘴唇或摸脖子时

心理学家把咬嘴唇视为缓解压力的方式，这个动作能够帮助平复心情。

你发现没，当一位男士感到紧张时，他可能会下意识地松一松领带，其实这就是摸脖子的动作。**医学研究显示，人的下巴以下，喉咙以上，分布着很多神经末梢，触摸这个地方可以降低血压，减**

慢心跳，使人平静。

因此，当你发现交流的对象出现了咬嘴唇或摸脖子的小动作时，说明对方感觉到紧张，不妨试着给他提供相对轻松的交流环境，消除他的紧张和疑虑心理。

4. 当手指的方向与眼神方向不一致时

这说明对方在说着言不由衷的话或者在捏造事实，从而导致肢体反应的不协调。如果和你交流的人出现了这种动作，那么你最好对他所说的话持保留态度。

5. 当一只手撑着脸颊时

在交谈的过程中，当对方出现用一只手撑着脸颊的动作时，说明当前的话题令他感到不耐烦了，并且他希望这个话题能尽快结束。这时你最好尽快结束谈话，或者换一个对方感兴趣的话题。

另外，当一个人下意识地把手藏起来时，说明他对事情有所保留；当他双手摆成祈祷状时，说明他信心极度缺失；当在异性面前不断拨弄自己的头发时，说明在意对方的看法，希望能吸引对方……总之，谁认识和评估情绪的情商越高，谁就越能在人际交往中占据主动权。

举手投足之间，传递着千言万语

在社交场合，为什么有的人举手投足间能散发出强烈的气场？为什么有的人举手投足间看上去畏缩与自卑？为什么有的人举手投足间让人感到疏离与抗拒？为什么有的人举手投足间让人感到友好和真诚？

心理学家认为：人体的大脑认为手和脚是交流过程中不可缺少的一部分，相比起面部表情，手和脚的反应更利于分析人的心理。原因如下：

- 面部表情很微妙，不易察觉，而手和脚的动作幅度比较大，易于识别；
- 手部动作传达的信息非常丰富；脚离人体大脑的中枢神经最远，最难控制，也最难作假，因此可信度也最高。

因此，在社交场合，想要探知对方心里的真实意图，就不应该忽略手和脚的动作。

1.当对方伸展手臂时

通常认为，伸展手臂是一种自信的行为，属于扩张姿势的一种。**哥伦比亚大学的研究人员发现，做几分钟扩张的姿势，如伸展手臂、双手叉腰等动作，会使我们体内的睾丸酮含量提高**

20%，可的松含量下降25%。睾丸酮和可的松是身体中非常重要的两种激素，研究显示，通常当人处在自信有力的姿态时，体内的睾丸酮含量会较高，可的松含量则较低。因此，不仅仅他人看到这个姿势会认为这个人很自信，而且当事人也会真实地对自己有信心。

因此，当你发现交谈的对象出现了伸展手臂的动作，如将手臂搭在椅子上，或双手展开撑在桌子上时，这说明此刻对方内心充满了自信与优越感，似乎在宣示自己的主导权。

反之，如果对方突然将手臂收回，说明谈话的内容令他感到不自在，不自信。

2. 当对方手臂交叉时

心理学家认为，双臂交叉是自我防御与安慰的手部动作。因此在交流过程中，如果对方出现了手臂交叉的动作，说明此刻对方心里充满了防备，这是不利于交谈的。要么中止交流，要么想其他的方法来消除对方的戒备心理，比如给对方提供一张椅子，这样他很可能会把手搭在椅子的扶手上，身体呈现打开状态，利于交谈的进行。

3. 当对方出现尖塔式手势时

双手手指张开，将一只手的指尖与另一只手的指尖一一相触，手掌却互不接触，这个动作叫作尖塔式手势。心理学家认为，尖

塔式手势是一种极其自信的手势动作，因其形状像教堂的尖塔而得名。

一般来说，这个动作多为地位较高的人使用，比如领导向员工发号施令时，首长向下级布置任务时。因此，如果你是一位管理者，想要让自己的话听起来更权威，不妨在下属面前多做这个动作；同理，如果你的领导做了这个动作，那么作为下属就应该趁机说一些积极正面的话语。相反，如果对方十指交叉紧握，说明对方内心不自在，感到焦虑。

4. 当双脚交叉时

站着双脚交叉与坐着双脚交叉时，所透露的内心信息是完全不一样的，需要区别分析。

站立时双脚交叉

心理学家认为，站立时双脚交叉是一种极其放松的姿态，在交流的过程中，若一方或双方站立时有双脚交叉动作，说明交流的过程令人愉悦，也说明双方关系比较好，彼此信任。

例如，在一个宴会上，A和B两人都双脚交叉着聊天，说明他们内心感到放松，这时C加入进来了，A和B立刻将双脚摆正，回归到正常姿势，这说明C的到来打破了A和B之间的轻松状态，两人感到了拘谨。

坐着时双脚交叉

心理学家认为，这同双臂交叉一样，是一种防御性姿势。在谈判中，如果对方同时出现了双脚交叉和双手交叉的动作，说明谈判多半是无果的。不过，心理学家提醒，此动作不能孤立地去解读，而要结合场景及环境去分析，比如从礼仪方面来说，女性双脚交叉是一种优雅的体现。

5.注意脚尖的朝向

心理学家认为，脚尖的朝向会泄露我们真实的想法，脚尖会指向我们喜欢的人，会指向我们想去的方向。反之，面对不喜欢的人或物，脚的朝向是背离它们的，会本能地选择“逃离路线”。

比如，你走进办公室，里面有两位同事正谈笑风生，你也想加入他们。你打招呼后，他们看到你，身体转向你，但是脚尖并没有动，很抱歉，他们并不太欢迎你的加入。如果他们身体和脚尖都朝向了你，说明很欢迎你的加入。

总之，在人际交往中，正确解读手和脚的语言是非常重要的。当然，想让自己在沟通中被更多人信赖，我们应该尽量选择那些开放性、伸展性、友好性的动作。

说话方式，能够反映一个人的性格

在社会中，每个人都是独立的个体，而且每个人的成长环境、接受的教育程度都不同，这些造就了千差万别的人物性格。心理学家认为，准确判断一个人的性格有利于人际交往。那么如何才能获知一个人的真实性格呢？**奥地利心理学家汉斯·克莱特勒曾说：一个人在交流过程中所使用的说话方式，能反映出一个人的性格特征。**

那么，人与人之间的说话方式有哪些差异化体现？不同的说话方式分别代表了怎样的性格？一起来看看吧。

1.说话直截了当/婉转含蓄

在社交场合，有的人说话干脆利落，不拐弯抹角。通常来说，这种人性格外向，为人磊落，充满自信，行事充满了强烈的个人风格。但是这种人的攻击性也比较强，说话直，易伤人，容易树敌。

有的人说话则婉转含蓄，这类人懂得为他人着想，会顾及他人的感受，低调又不爱出风头，心思内敛，为人聪明，非常有人缘。不过要分清“婉转含蓄”与“拐弯抹角”的区别，后者说话喜欢绕圈子，顾左右而言他，隐藏自己真实的想法，不受人欢迎。

2.说话语速快/语速慢

说话语速快的人，在生活中很可能是个急性子。在与人交往中，他们通常有很好的应变能力，反应敏捷，但同时也心直口快，在一定程度上有些偏激。

说话语速慢的人，在生活中很可能是个慢性子，他们性格细腻，为人低调，性格可亲，不爱接触新事物，遇事表现较文弱。在与人交往中，很注重对方的感受，害怕自己的话语会伤及对方，因此总是用缓慢的语气来试探对方的反应。

3. 一说话就否定他人

生活中不乏这种人，总是以“才不是”“哪有”“不是的”这些否定词开始聊天，然后阐述他们自己的看法。这样的人在社交活动中不太受欢迎，人们会觉得跟他们说话索然无味，因为他们一直在否定，谁不想得到别人的赞同与肯定呢?

心理学家认为，这种人看似自负，实则自卑，因为自卑的人包容性差，通过否定他人容易获得心理上的满足。

4. 一说话就抱怨

有些人一开口说话就喜欢发牢骚、抱怨，传播负面的情绪和思想。心理学家认为，这种人愤世嫉俗，对自己宽容，对他人苛刻，行动力差，遇到挫折时，总为自己找借口。在人际交往中，如果碰到这种人，最好远离，因为他们会不知不觉偷走你身上的正能量，让你变得颓废。

5. 说话彬彬有礼

一般来说，这种人素养较高，有知识有内涵，懂得包容他人，心胸宽广。

6. 说话幽默风趣

这种人在生活中非常有魅力，他们博学多才，乐观自信，各种段子信手拈来，能解忧愁，能活跃气氛，能化解矛盾……他们在交往中极其受欢迎。

总之，一个人的说话方式能体现他的性格，同时，一个人的性格也往往决定了他的说话方式，二者互相影响。

握手的刹那，是感知对方心理的大好时机

生活中，两国元首会见时要握手，朋友重逢时要握手，商务洽谈时要握手，与陌生人交谈时要握手……握手无处不在。千万不要认为握手是一件小事情，**心理学家认为，握手作为社交中最基本的问候方式，处处透露着大学问。比如，握手时的力度、姿势，甚至时间的长短都透露着一个人的礼遇态度和真实情绪。**

握手时对方传达的是友善还是敌意？通过握手你能感知到对方气场的强弱吗？能感知到对方的性格吗？一起来看看吧。

1. 支配式握手

握手时，对方习惯性或故意将手掌翻转，手心向下，这样对方

就必须手心朝上来迎合他，这样的握手方式就是支配式握手。喜欢支配式握手的人在生活中比较强势，自我优越感很强，喜欢控制、命令他人。

1960 年的美国总统大选，肯尼迪在和尼克松握手时，便采用了支配式握手。从心理学上分析，支配式握手会让对方产生压迫感，也凸显了个人的强势。果不其然，在大选中，美国民众看到了一个充满自信与力量的肯尼迪，而尼克松则表现得较为逊色。

当然，在交往中，如果对方使用这样的握手方式，很可能说明对方的诚意不足。如果你已经感知到了对方的强势，依然想进行合作，那么大可顺水推舟，暂时让对方感知你的诚意，即愿意受他的支配。

2. 平等式握手

指的是双方的手伸出去后手掌垂直于水平面，在一些商业洽谈、领导人会晤中常会见到。这是一种礼节性的握手姿势，给予了双方足够的尊重。这样的握手姿势庄重大方，自信而不自大。

3. 用力握手

心理学家认为，握手的时候如果用力，那么对方为了避免自己居于下风，也会下意识地用力回握。

从人际交往的角度来看，当对方用力握手时，说明他很可能在与你较劲，想通过握手把你的气场压下去。那么你会怕他吗？这种人虽然性格强势，但是情绪也很容易激动，身上的弱点和破绽并不难找。如果你的手中还有筹码的话，无须和他较劲，这毕竟不是掰手腕大赛。

4. 有气无力的握手

在与人握手的时候，对方的手握起来有气无力，这说明对方的气势比较弱，或者性格羞涩。如果你们有合作关系，千万别沾沾自喜，而是应该收敛自己的锋芒，因为对方这种人并不喜欢强势的人。

5. 手套式握手

这是一种什么样的握手方式呢？就是用右手握住对方的一只手，然后把左手放在相握的两只手上。这种握手方式能消除人与人之间的距离，一般用在政治人物与民众之间，可以展现政治人物的平易近人。

6. 右手握手，左手抓住对方肩膀或前臂

这种握手在老友重逢时、长辈和小辈之间常见，这种握手方式给人热情真诚的感觉。但若是初次见面便用这种握手方式的话，难免会令人尴尬。

当然，握手的方式还有很多，比如指尖式握手、抠手心式握

手、扳手式握手……对于具有敏锐感知力的人来说，通过握手准确掌握对方的心理波动，于人际交往来说无疑是锦上添花。

小测试：你具备洞察人心的能力吗

拥有很强的洞察力能够帮助我们看透一个人的真面目和内心想法，这也是驾驭人心的基本要素。那么，你是否具备洞察人心的潜能呢？你的洞察力是否足够强呢？一起来做这个测试吧。

1.一直都很清楚身边交往的人的性格类型？

A.总是　　B.有时　　C.从不

2.不知道对方生气、高兴、悲伤或妒忌的原因？

A.总是　　B.有时　　C.从不

3.刚接触对方就很清楚对方在什么样的情况下最容易情绪激动？

A.总是　　B.有时　　C.从不

4.不轻易将自己的情绪表现出来？

A.总是　　B.有时　　C.从不

5.即使面对不喜欢的人，也不会对他的一切事情都不感兴趣？

A.总是　　B.有时　　C.从不

6.常常能使自己成为对方的知己？

A.总是　　B.有时　　C.从不

7.当对方提出某种不符合自己心意的要求时，会为了对方改变自己？

A.总是　　B.有时　　C.从不

8.非常了解自己的性格特征？

A.总是　　B.有时　　C.从不

9.性格比较外向，经常笑容满面？

A.总是　　B.有时　　C.从不

10.善于适当地表达自己的情绪，不会愤怒或隐忍？

A.总是　　B.有时　　C.从不

11.常常感觉到对方精神处于紧张状态，不能自我放松？

A.总是　　B.有时　　C.从不

12.只要对方一个眼神，你立刻能意会到他的想法？

A.总是　　B.有时　　C.从不

13.认为对方对自己的期望很高？

A.总是　　B.有时　　C.从不

14.与他人发生冲突时，能够很快地将对方打败？

A.总是　　B.有时　　C.从不

15.经常自我检讨？

A.总是　　B.有时　　C.从不

16.他人向你提出建议时，你会很快、很准确地掌握对方的中心思想？

A.总是　　B.有时　　C.从不

17.对人对事不喜欢深思熟虑？

A.总是　　　　B.有时　　　　C.从不

18.交友范围很广，能很快与任何类型的人打成一片？

A.总是　　　　B.有时　　　　C.从不

19.遇到不顺心的人或事时能够克制内心的反感情绪？

A.总是　　　　B.有时　　　　C.从不

20.当对方情绪失控时，你会巧妙地让其平静？

A.总是　　　　B.有时　　　　C.从不

21.遇到突发事件时，总能够妥善处理？

A.总是　　　　B.有时　　　　C.从不

22.具备很强的表达能力？

A.总是　　　　B.有时　　　　C.从不

23.同时面对很多人的时候能够做到面面俱到？

A.总是　　　　B.有时　　　　C.从不

24.遭遇他人的拒绝与批判时，能够了解对方拒绝与批判的初衷？

A.总是　　　　B.有时　　　　C.从不

25.能够从他人的交谈中体会到对方内心的变化？

A.总是　　　　B.有时　　　　C.从不

26.对方情绪波动很大时，自己往往轻易就能了解原因？

A.总是　　　　B.有时　　　　C.从不

27.当对方抑制自己的感情时，你能够觉察到？

A.总是　　　　B.有时　　　　C.从不

28.能用幽默博得他人的欢心？

A.总是　　B.有时　　C.从不

29.喜欢担当重任，不怕得罪人?

A.总是　　B.有时　　C.从不

30.对于陌生的人和事会小心翼翼?

A.总是　　B.有时　　C.从不

31.很在意别人对自己的评价?

A.总是　　B.有时　　C.从不

32.当别人对自己委以重任时，总能轻松胜任?

A.总是　　B.有时　　C.从不

33.当对方提出问题时，总能给对方满意的答复?

A.总是　　B.有时　　C.从不

34.在了解一个人的处世风格和生活习惯后，能够轻松地获取他的信任?

A.总是　　B.有时　　C.从不

35.与人交往时知道怎样去尊重他人的情感?

A.总是　　B.有时　　C.从不

36.能够清楚地感受到他人对自己的不满?

A.总是　　B.有时　　C.从不

37.能够说出亲朋好友的优点和缺点?

A.总是　　B.有时　　C.从不

38.触痛或伤及他人的感情时自己能够觉察到?

A.总是　　B.有时　　C.从不

39.不认为参加社交活动是浪费时间？

A.总是　　B.有时　　C.从不

40.会站在对方的立场去考虑其感受？

A.总是　　B.有时　　C.从不

41.很愿意与他人合作？

A.总是　　B.有时　　C.从不

42.对于公司、组织既定的规章制度能够做到认真执行？

A.总是　　B.有时　　C.从不

43.能够理解他人对自己的成功的嫉妒？

A.总是　　B.有时　　C.从不

44.善于巧妙地化解尴尬？

A.总是　　B.有时　　C.从不

45.懂得“争功于己，诿过于人”是错误的？

A.总是　　B.有时　　C.从不

46.当与他人的想法有冲突时，会为了避免遭到攻击而随声附和？

A.总是　　B.有时　　C.从不

47.常常与共事的人形成默契？

A.总是　　B.有时　　C.从不

48.对方说谎时，往往一眼就能将其看穿？

A.总是　　B.有时　　C.从不

49.知道失信和欺骗是友谊的天敌？

A.总是　　B.有时　　C.从不

50.能够理解他人奇特的爱好？

A.总是　　B.有时　　C.从不

评分标准

每道题选A得3分，选B得2分，选C得1分，计算所得总分。

测试分析

50~70分：洞察力有待开发。你属于后知后觉型，往往只跟着自己的感觉走，只关注自己的心理变化，总是忽视身边人的情绪、心态、表情，你不会设身处地地为他人考虑，因此并不善于掌握他人的心理变化。要多研究别人的言行举止，了解某些举止、动作代表的情绪符号以及意味着什么，这样会帮你避免因为粗心大意而引起的矛盾。

71~90分：洞察力一般。你属于察言观色型，通常能够从他人的言谈变化中体会到对方的情感变化，但是对于某些细节你却总是忽视，或者说看不出其中的真实含义，随着时间的推移，你会慢慢掌握对方的心理特征。要提高自己的敏锐度，多留心常常忽视的细节，比如别人在什么时候摸鼻子，用什么样的速度捋头发，这些都能在一定程度上反映其内心的变化。

91~110分：洞察力较强。你属于细腻敏感型。如果对方是非常重要的人物，你更要注意自己的一言一行配合得当，在观察对方的同时别忘了规范自己的"小动作"，因为在你观察别人的时候，你可能也在被别人观察。

111~150分：洞察力超强。你属于左右逢源型。对你来说，与人交往是一种享受，因为你非常善于揣摩他人的心思，并且往往能够了解对方的心理要害。所以，你要注意时不时地制造一些让对方心里愉悦或者让对手轻敌的小动作，这样更有利于你掌握局势。

第五章

巧妙引导，让对方主动敞开心扉

调味品效应：沟通中没有白说的话

很多人认为，在人际交往中，语言的简洁明了非常重要，这样可以让语言充满力量，也能有效节省沟通的时间。那么，一旦把所谓的“正事”说完了，又该如何呢？选择沉默？**社交礼仪专家认为，保持谈话继续是基本的礼貌**，而且一味地保持沉默会让双方陷入尴尬。这个时候，闲聊就显得非常重要了。

很多人或许是社交场合的谈判高手、沟通达人，但是说起“闲聊”，他们也许并不擅长。因为在很多人看来，闲聊就是讲废话，浪费时间不说，还毫无意义。事实上，闲聊也是一种能力，能够帮助我们营造良好的氛围，增进彼此间的感情。**在人际交往心理学中，人们把这种看似废话的“调味品”促进人们内心交融的现象，称为调味品效应。**

比如，初次与陌生人沟通，想要尽快消除疏离感，拉近彼此间的距离，先说一说“闲话”是最好不过的，等聊到彼此投机的时候再切入正题，效果就会好很多；还有家庭成员之间，大家其乐融融地聊一聊天，说说笑话，是不是感觉很幸福呢？可见，闲聊是促进人际关系和谐、促进生活幸福的必要工具之一。

会闲聊其实是一种能力，闲聊并不代表可以随心所欲地乱聊，如果聊的话题对方压根不感兴趣，或者触犯到了对方的隐私，那么不仅不能起到增强人际关系的作用，还会引起对方的反感。

因此，我们需要掌握一定的闲聊技巧，具体应该怎么做呢?

1.事先准备好话题

有些不善言谈的人，一旦遇到需要闲聊的时候，往往大脑一片空白，完全不知道应该说些什么，气氛顿时变得尴尬起来。

因此，我们可以适当准备好一些话题。一般来说，适合闲聊的话题很多，比如家乡、工作、旅行、电影、美食、兴趣爱好、新闻等。

如果对方对你抛出的第一个话题只是礼貌地笑笑，说明他对这个话题不感兴趣，那就切换到第二个话题。

如果确定好了交流的对象，且是重要的谈判，那么准备的话题就要有一定的目的性，如果是诸如“天气真好”“你的公司规模真大”等毫无意义的话题只会让人感觉索然无味，对谈判也毫无意义。

因此，我们应该准备些与对方有关的话题，比如对方的兴趣、爱好；还应该准备与交流的主题有关的话题，这样利于交谈的时候自然地切入正题。

2.提一些奇怪有趣的问题

很多人准备好了话题之后，提的问题总是停留在表面，比如：你在哪个公司上班？你是哪个大学毕业的，学的什么专业？这样的话题并不能带来闲聊的效果。因此我们应该提一些有趣的问题，比如，作为四川人，你为什么很少吃辣？你对这部电影的想法太独特了，你为什么会这样理解呢？……这样对方会认为你是一个相当有趣的人，有进一步和你聊下去的欲望。

3.切忌“交浅言深”

虽然可闲聊的话题很多，但是也有很多话题并不适合谈，比如对方的工资、健康状况、政治立场、宗教信仰、私密情感等。要知道，闲聊的目的是化解尴尬、活跃气氛，愉快最重要，没有必要过度暴露，把自己早上和妻子吵架的事都抖出来，实在不明智。

当你打算培养自己的闲聊能力并付诸行动时，你可能会觉得很累，并对人际交往打心里犯怵，但是相信我，只要做好上述准备，用得次数多了，自然熟能生巧。

目标原则：带着明确的目的去沟通

大家都看过《西游记》，里面的角色令人印象深刻：有一路降妖除魔、本领高强的孙悟空，有好吃懒做，但打起妖怪来也颇有两下子的猪八戒，还有任劳任怨、憨厚老实的沙僧，当然还有爱唠叨，一路上骑着白马，不用打妖怪的唐僧。

那你知道这个团队里的灵魂人物是谁吗？是唐僧！尽管他

做事不明真伪、滥用同情心，还时不时给孙悟空念几句紧箍咒，然而他却是整个团队里清晰地知道自己要干什么的人！他的目的就是去西天取回真经普度众生。孙悟空一气之下会回花果山；猪八戒在唐僧被抓后总想着分行李，回高老庄；沙僧则常常毫无主见；只有唐僧，无论路上遇到多少妖魔鬼怪，他从未放弃过自己的目标，哪怕在其他人打退堂鼓的情况下，他也一个人奋勇向前，不达西天不罢休！

那么，从《西游记》来看人际沟通，你是一个带着明确目的去沟通的人吗？

心理学家认为，在沟通前尤其是重要的沟通前，一定要明确自己的沟通目标。所谓的目标指的是，你想通过沟通达成什么样的结果？满足什么样的需要？解决什么样的问题？

那么，在人际交往中，确定好了目标后，我们该如何实现带目的的沟通呢？要遵循如下几个法则：

1.把话说到点子上，不要跑题

有的人在沟通过程中，总是东拉西扯，说半天废话也说不到点子上，这在对方看来，是极其不专业的行为，他会认为跟你沟通是在浪费时间。如果这个人是你的客户或领导，那么可想而知，你的职业发展必定受到影响。

因此，在沟通的时候，我们一定要围绕着目标去展开话题，我们可以这样做：把目标写下来，时刻提醒自己，这样可以防止大脑跑偏，不至于忘记初心。也可以把目标分解成几个小目标，做到主次分明，条理清晰，把精华挑出来，在沟通时重点强调，让对方能清楚地了解。

2.开头及结尾点明主题

心理学家认为，在沟通的时候，应该在开头和结尾用简练的话语点名主题，这样可以强化对方的印象。点明主题的时候，我们可以采用结构清晰的表达方式，因为这样便于人们的理解和记忆。

比如，下面两种介绍方式，如果你是客户，你更喜欢哪种呢？

A.您好，这场以展示新技术为主题的会议将于5月8日14：00在××会展中心召开，欢迎您的光临！

B.您好，5月8日14：00，将在××会展中心召开一场会议。这场会议将以“展示新技术”为主题，欢迎您的光临！

很显然，第二条的表述结构更清晰，条理也更分明，而且突出了主题，利于记忆。而第一条虽然意思相同，但是结构复杂，主题不突出，不便于记忆。

3.明确对方的目标

沟通时，我们不仅要带着目标去沟通，而且还得清楚地知道，对方的目的是什么。知己知彼，沟通才能顺畅，否则就是在表面的分歧上来回打转。

一天，财务部的小华来找技术部的王蔷，想要了解王蔷现在负责哪块产品，流程如何实现。王蔷不敢怠慢，对着白板，就开始给小华讲解起来。小华听得也很认真，不时在做笔记。一个讲得投入，一个听得投入，这场沟通可谓是非常成功。

一个半小时后，王蔷总算介绍完了相关内容，小华也合上了小本子。王蔷讲得口干舌燥，于是喝了一口水，顺便问道："你们要这个干吗呀？"

小华笑眯眯地说："就是做一个你们部门的费用预算，刚刚谢谢你了。"

小华的话刚说完，王蔷便面无表情，默不作声地走到自己的工位前，打开电脑，把"2020年技术部费用预算表"发到了小华的邮箱。

原来，技术部在年前的时候就已经做好了这个预算表。王蔷早知道小华要的是这个东西，又何苦浪费这么多口舌呢？

这个故事令人哭笑不得，如果王蔷能一开始就询问小华的目的，或者小华一开始就告知王蔷自己的目的，也就不会发生这样的事情了。双方的沟通看似很顺畅，实际上连最基本的原则——明确对方的真实目的都没有掌握，白忙了半天，浪费了彼此的宝贵时间。

讲到这里，不禁想起了营销界很有名的一句话：客户需要的，不是一把有四分之一英寸钻头的钻枪，而是墙上的一个四分之一英寸大小的孔。然而，并不是所有人都懂得把自己的目的说出来，这个时候就需要我们来启发他：你要的，究竟是什么？

潜台词表达法：委婉道出自己的真实意愿

在人际交往中，很多人都有这样的困惑：摸不清伴侣的脾气，悟不透人际交往的秘诀，听不懂上司的弦外之音……究其原因，是听不懂对方的潜台词。

什么是潜台词？潜台词就是话语中隐藏着的那些没有直接、明白表达出来的意思。通俗地说，就是“画外音”“话里有话”，有着不必说、不便说、不能说的特点，能起到含蓄委婉、化解尴尬、褒贬互见的效果。

会议即将结束的时候，领导问大家还有没有意见，这时一位新来的小伙开始侃侃而谈，领导评价小伙：非常有性格。这是褒义吗？也许领导的潜台词是：表现过于招摇了。作为新来的员工，在不了解公司整体运作的情况下就开始提意见，太不像话了。

和你关系一般的朋友，邀请你吃晚饭，你并不太想去，于是说道："我今晚要加班，实在没时间，下次吧。"如果对方有着敏锐直觉的话，很快就能理解你的潜台词："我并不想和你一起吃饭。"

部门的同事对你说："你最近进步很大呀！"听到这个，你可不要沾沾自喜，他的潜台词很可能是：你之前的表现太差劲了。

由此可见，在人际交往中，学会潜台词表达法可以让我们的沟通更婉转、更有效。**心理学研究的成果表明：一般人都不太容易接受批评。批评时，可以用委婉的语言表达自己的看法，帮助对方克服弱点。**试想一下上面的场景，如果领导直截了当地对新来的员工说"你话太多了，刚来还是低调点比较好"，如果你直接对朋友说"我和你不太熟，不想和你一起吃饭"，如果部门的同事直言不讳地说"知道吗？你之前的表现太糟糕了"，那么肯定会令谈话陷入尴尬。这样的情商也未免太低。

所以在人际交往中，当我们需要表达自己的情绪，如愤怒、讽刺、拒绝、批评时，我们应该学会用潜台词来表达，委婉道出自己的真实意愿，这样不仅能有效防止生硬和直接带来的弊端，也能让对方感到被尊重，从而乐意倾听与接纳。所以，潜台词是我们人际沟通中的润滑剂，是促进良好沟通的工具。

那么，潜台词表达有哪些具体的方式方法呢，一起来看看吧。

1.使用旁敲侧击法

在很多场合，有些话真的难以启齿，这个时候不妨通过侧面回答对方问题的方式，来表达自己的意思。

曹操认为曹植非常有才华，想废长子曹丕而立曹植为太子。他就此事征询贾诩的意见，贾诩却一声不吭。曹操非常奇怪，问他为什么不说话。贾诩说自己正在想一件事情，曹操问是何事，贾诩答道："我正在想袁绍、刘表废长立幼招致灾祸的事。"曹操一愣，随即哈哈大笑，也明白了贾诩的言外之意。

贾诩深知曹操家内事一个外人不便直言，便借袁绍和刘表废长立幼招致灾祸的事来对曹操旁敲侧击，以此表达自己的真实意思。

2.借用事物之间的内在联系

指的是借用同一事物或相似事物之间的内在联系或特征，巧妙地表达自己的意思。

林衡对那些送到他办公桌上的冗长的报告颇感厌倦，于是，他这样对下属表达了自己的不满："当我派一个人去买马时，我并不希望这个人告诉我这匹马尾巴上的毛有多少根，我只希望知道它的特点所在即可。”

在这里，用B事物的特征来形容A，但是又不直接指出A，这样的方法隐晦贴切，不仅照顾到了下属的面子，而且下属听完也能明白其中的意思——不要写冗长、无趣的报告，抓住重点即可。

最后，要提醒大家的是，使用潜台词来表达意愿一定要在对方能听懂的基础上，如果晦涩难懂，就失去了沟通的意义。

第三人效应：间接表示对对方的评价和关注

在拜访不熟悉的客户之前，我们会通过共同好友从中牵线；商业广告为了吸引消费者，会找明星代言；丈夫和妻子关系闹僵时，会请家人从中说和；对领导有不情之请时，会找领导信赖的人帮忙说说好话……

上述情况在生活中太常见了，**在说服心理学中，把这种通过第三人转述他人的某种意见，或创造某种条件让对方间接地听到你对他的评价与关注，从而产生意想不到的劝说效果的现象，称为“第三人效应”**。

“第三人效应”有两种呈现方式：

- **第一种：A不出面，而让C和B谈话，由C转述A对B的评价。**

晓琴最近和办公室的毛毛因为一些小事闹了别扭，谁也低不下头来。一个单位里办公，抬头不见低头见的，这可怎么办才好呢？晓琴于是想了一个主意，她找了办公室主任帮忙从中调解。

一天，主任看似无意地对毛毛说：“昨天晓琴对我说，你不是那种小心眼的人，那天吵架，你俩是话赶话赶的，消气了自然就好了，她说平日里你脾气就挺好，能包容人。”

毛毛一听，心里的气也消了大半，一边懊恼自己的小心眼，一边想着晚上要主动邀请晓琴去看电影。

心理学家认为，与人闹矛盾时，不妨借助第三人的力量为自己“代言”，既能避免尴尬，又能解决实际问题，实则是一种高明的沟通手段。

● **第二种：A以C的口吻来评价B。**

小陈在公司的业绩最好，他的客户也是最多的。小林问他做销售的秘诀，小陈很坦诚地说：“多赞美客户。”小林很诧异：“就这样？我也经常赞美客户呀，可是我看客户对我还是爱搭不理的。”小陈笑着说：“要间接赞美客户。”

恰巧这时，一位客户来到公司找小陈，小陈立刻笑脸相迎道：“龚姐，好久不见，您的气质越来越好了，难怪我们公司李总上次还在我面前夸您，说您什么时候看上去都漂亮有气质。”客户听完小陈的话，脸上浮现出自然的笑容。

小林总算明白了小陈的意思。

从心理学角度来分析，以第三者的口吻来赞美客户更能让客户产生愉悦感，因为在对方心里，第三者属于中立的一方，他们的话更客观、实在、可信，这样做还能消除刻意讨好客户之嫌。

不过，心理学家认为，在人际交往的过程中，“第三人效应”并不是万能的，很多因素都会影响此效应的效果，因此在运用的时候，要注意以下几点：

1.间接表达正面的信息，而非负面信息

为了促进良好的人际关系，当我们使用“第三人效应”时，要在背后多说对方的好话，这样总有一天会通过第三人传到对方的耳朵里。从心理学角度来看，人人都喜欢听好话，美国著名的心理学家威廉·詹姆士就曾说：“人类本质中最殷切的需求就是渴望被肯定。”当你的赞美通过这种润物细无声的间接方式传递给对方时，对方收获的是一份惊喜。相反，最好不要说批评的话，否则一不小心就会招致别人的反感。

2.慎选第三人

当我们选择第三人来进行劝解、说服时，第三人同对方的关系要好，或者第三人是个威望较高的人，这样才具有可信度。

3. 不能在一人身上反复使用“第三人效应”

心理学认为，如果在一人身上反复使用“第三人效应”，那么很可能会引起对方的戒备和怀疑，由此加重对第三人信息的过滤，第三人效应的效果便会降低，甚至消失。

4. 要注意信息的真实性

一定要保证第三人所说的话是真实的，如果哪天被对方识别为假信息，那么对方将对你和第三人都失去信任。

阿伦森效应：先抑后扬，渐入佳境

你有没有发现生活中有这样的现象：

- 家里有两个孩子，一个品学兼优，一个调皮捣蛋。有一天，品学兼优的孩子被老师批评了，老师很不高兴，认为他表现不好；调皮捣蛋的孩子偶尔做了一件好事被老师表扬了，老师很高兴，觉得他进步了。
- 去市场买草莓的时候，有的商贩先装得少一点，然后一边称，一边从旁边拿草莓往秤上添加，顾客看了心里就开心；相反，有的商贩一开始装得多，然后给秤上的草莓做减法，顾客看了就不太高兴。

● 平时特别优秀的员工，偶尔犯了错误，领导很不高兴；平常不守制度的一位员工，若突然表现很好，领导则很高兴。

这些都属于心理学上的“阿伦森效应”。阿伦森效应是**指随着奖励减少而导致态度逐渐消极，随着奖励增加而导致态度逐渐积极的心理现象**。

这也说明，在人际交往中，一直说一个人的好话未必比先讲坏话再慢慢讲好话来得令人喜欢，同样地，我们也更喜欢那个先讲坏话再逐渐说好话的人。

心理学家认为，阿伦森效应是一条重要的社会规律与生活法则。如果你能清晰地认识到“先扬后抑”和“先抑后扬”的特征及各自带来的效应，就应该明白，在日常生活中，想获得他人的喜爱、收获良好的人际关系，就应该使用“先抑后扬”的交往手段。

比如，初出茅庐的大学生，在工作场景中，可以适当暴露些自己的缺点，虚心请教职场中的前辈，这样会给人一种踏实好学的印象。另外，年轻人有的是朝气，领导担心的就是年轻的弊端——缺乏耐心，没有长性。因此，年轻人在工作中做事要稳定谨慎，并始终如一，只有这样才能赢得领导的肯定；切不可表现一段时间后，认为没必要了，就放松对自己的要求，领导只会认为你变得懈怠了，印象由好转坏。

比如，在与客户的交往中，不能一开始就把客户的胃口吊高了，这样不利于后续的维系，因为他的需求只会越来越高。

比如，在赞美别人的时候，我们可以采用先否定后肯定的方法，先降低对方的期待，再超出对方的期待。如：“记得以前看你的字，虽然工整，但是缺乏生气，现在看你的字，进步太大了，行笔奔放潇洒，仿佛有了灵魂。”“几年前看你，还是个满地打滚的假小子，没想到几年不见，你都是个亭亭玉立的大姑娘了。”“宝贝，你做手工的时候把纸戳花了，但是你这个城堡做得很有特色，说明你很用心。”想想看，这些赞美是不是比“你的字写得真好”“你越长越漂亮了”“你的画真好看”更能打动人心呢？

另外，心理学家强调，“阿伦森效应”用在亲子教育及学校教育中时要格外注意，因为孩子们很容易被“奖励”所绑架，失去了奖励就不愿意学习了。一旦孩子陷入了“阿伦森效应”，作为家长和老师又该怎么办呢？该如何正确激发孩子的学习动力？

1. 奖励要有意义

奖励和表扬当然是有用的，但过度的奖励和表扬是不可取的，很可能会造成消极影响。要知道，奖励只是实现教育的手段，而非目的。因此，奖励措施最好是有意义的，而不仅仅是物质奖赏。比如作文写得好，就带孩子去一个景点参观；画画得奖了，就带孩子去看画展；等等。

2. 奖励不能太频繁

奖励只能偶尔作为表扬手段，不能成为一种习惯，不然孩子会形成一种“做好事情就是为了获得奖励，没有奖励就不做事情”

的思维惯性。因此，在孩子即将做某件事的时候，家长不要提前跟孩子“交易”，而应该在孩子自觉做好一件事情后，再给出奖励，这对孩子来说是额外的欣喜。

同步技巧：保持和对方相同的沟通步调

一对亲密的情侣坐在窗前喝咖啡，当一人拿起咖啡杯喝起来时，另一人也随之举杯；一人绽放开心的笑容时，另一人也在笑，他们看起来很甜蜜，他们的步调是如此一致。

你很欣赏自己的上司，你感觉到上司也很欣赏你；相反，你不喜欢的领导似乎也不喜欢你。

一对志趣相投的朋友，在一起看足球比赛，进了球后会不约而同地大喊：“好球！”

办公室里两个关系较好的同事，开完会后走出会议室，彼此相视后会心一笑，还冲着对方眨眼睛。

你发现了吗，上述生活中常见的现象，有一个共同点：双方的步调是一致的。心理学把人与人之间表情或动作的一致性称为“同步行为”。

那么，是什么诱发了同步行为呢？心理学家认为，当双方彼此吸引时，潜意识会生成同步反应。

那么，行为上一致能代表情绪上也是同步的吗？心理学家认为，情绪的一致体现为交谈时双方身体动作的协调性。正如心理学家佛兰克·伯克利所说：“你与他人相处得好不好可以体现在身体层面。”换句话说，“同步行为”意味着双方思维方式和态度的相似或相通。

那么，“同步效应”对人际关系有着怎样的促进作用呢？心理学家认为，我们不喜欢甚至反感那些与我们的行为不一致的人，比如大家都在认真开会，但是有一个人却在玩手机，这个人的人际关系必定是糟糕的，因为他不懂得与人同步。相反，人们对那些与自己情绪、行为、语言等一致的人抱有好感，这是吸引力法则的特殊表现。

因此，在人际沟通中，我们可以抓住“同步效应”，人为地制造“同步行为”，通过模仿对方的方式来赢得好感。可以在语言、呼吸、动作、视线、音调等方面和对方达到一种共同的状态，建立意识相似性。

1.语言同步

要想快速拉近关系，我们可以通过重复对方话语的方式来建立共性，这样对方在潜意识中会萌发一种亲密感。

比如，一位妈妈在谈及孩子时，说到最多的词语是“小调皮”或“小宝贝”，那么我们在和妈妈聊天的时候，也可以用“小调皮”或“小宝贝”来代指孩子。

比如，我们和一位河南小伙聊天时，可以用“中”来代替“好”。这些用词及口吻的模仿能在无形中拉近双方的距离。

2.呼吸同步

心理分析师皮科·嘉尔曼教授认为：“呼吸的同步具有诱导性，它可以诱导沟通者的心灵发生感应，从而使双方步调一致，彼此配合。”

我们可以这样做：和对方保持90度角，这个角度通常能很敏锐地感觉到对方的呼吸，然后与对方的呼吸同步，他吸气时，我们也吸气，他呼气时，我们也呼气。

心理学家认为，呼吸同步法尤其适合对方情绪或情感较激烈时。

3.动作同步

比如，对方在讲话时，我们可以点头来附和他讲话的节奏；对方翻阅文件时，我们也翻阅文件；对方拿起桌上的水杯喝水时，我们也拿起水杯喝上几口……

如此反复，对方的潜意识会产生一种“我们是如此相似”的想法，从而对你产生好感。不过要注意的是，模仿对方动作要不露声色，如果被对方察觉你在模仿他，会误以为你在羞辱或讨好他，那就不妙了。

4. 视线同步

几乎所有的行为心理学都在告诉我们：说话时要看着对方的眼睛。在沟通中，视线同步是非常重要的。

当你把视线投向对方时，对方也会配合你的目光，他的眼睛充满了笑意，你的眼里也要充满笑意，他的眼睛含着悲伤，你也要眼含悲意……目光的呼应，就好似心灵的对话。

我们还应当追踪对方的视线，他看着什么，我们也看着什么。人们可以凭借着对同一事物的注视，而感应到默契。

"可是效应"：先肯定，后否定，对方更易接受

在人际交往中，每个人都希望自己的观点和想法能被他人接受，甚至还试图去改变别人的想法。这当然是很难的，德国哲学家莱布尼茨说过："世界上没有两片完全相同的叶子。"同样的道理，世界上也没有两个意见完全相同的人。

那么，当我们和他人意见相左时，你会如何去反驳对方呢？冲动的人很可能会不管三七二十一就否定对方，然后滔滔不绝地表达自己的看法。心理学家认为这种做法非常不明智，很可能会把正常的交流升级为吵架，因为一口回绝对方，会令对方下不来台，从而引起对方更激动的反驳，要知道，每个人都有被尊重的需要。

那到底应该怎么做呢？心理学家认为，高情商的沟通者即使十分不认同对方的观点，也不会一口否定对方，他们会先肯定对方观点的合理性，然后再说出自己的意见。心理学上把这种对某一人的态度加以改变时先采取肯定的态度，然后再说出“可是……”的做法，从而产生对方接受观点的现象，称为“可是效应”。“可是效应”不仅顾全了对方的颜面，尊重了对方的思考成果，也让对方能敞开心胸，接受不同的观点。

为什么“可是效应”具有这么大的威力呢？美国得克萨斯大学教授乔纳森·考拉研究证实：**如果对方的意见与自己的一致，人们一般就会认为对方的观点是正确的，这种现象称为“一致效果”。在“一致效果”的作用下，一个人很容易增强对对方的信任感**。因此，先肯定对方就等于拉近了彼此的距离，有利于下一步的交流，这时我们再抛出“可是……”的说法，对方也能心平气和地接受了。简单地说，先前表示肯定的话语起到了安抚的作用，后面的“否定”听起来也不刺耳了。

《非诚勿扰》的主持人孟非是个十分睿智、极具情商的人，在这个节目上，他用充满智慧的话语开解过很多的男嘉宾。

有一次，一个很另类的男嘉宾来相亲了，他对着全场的女嘉宾说：“我五年没有买过新衣服，几乎每天都是吃馒头和咸菜。工资虽然不少，但我是一个非常节俭的人，钱对我来说就是能不花就不花，我打算在北京攒钱买一套房子，希望能有女嘉宾愿意跟我每天吃馒头和咸菜。”

他的话刚说完，就引起了全场女嘉宾的反感，大家纷纷把灯灭了，并且吐槽“这能过日子吗？”“太抠了”等，男嘉宾尴尬极了。

这个时候孟非说道：“我来说两句啊，男嘉宾，勤俭节约是我们中华民族的传统美德，你能有这样的想法真的不错，现在有这想法的人太少了，我们应该学会勤俭节约。”

听到孟非这样说，男嘉宾的脸色缓和了不少，眼神里也流露出对孟非的感激。孟非接着说道：“可是咱们得知道，生活不是一个火坑，不要觉得你在里面吃苦受罪有一天就能爬出来。我认为活好每一天才是最重要的，不能为了钱、房子就把自己当成机器一样工作，咱也别为了攒钱每天都不花钱买菜，这样对身体也不好，是不是？再说了，钱不是省出来的，该花的钱就得花，你每天都活得非常开心，让自己的女朋友也非常开心，这就是最好的生活了嘛。”话刚说完，全场就响起了热烈的掌声，男嘉宾更是连连点头，意识到了自己的问题。

在这里，孟非说服对方时，就采用了先肯定后否定的态度，不仅照顾了男嘉宾的面子，还让对方心服口服。

在生活中，“可是效应”能运用的地方非常多。

当我们不喜欢父母的管教时，我们可以说：“妈妈，我爱你，谢谢你对我的关心，不过我长大了，我想自己做决定。”

当我们批评下属写的报告时，我们可以说：“报告整体很不错，但如果你能加上数据分析，那就更完美了。”

当对方不喜欢某样食物时，我们可以说：“我也不喜欢呢，不过偶尔尝尝也不错。”

…………

总之，无论对方说什么，我们都可以回答“是、不错、挺好的……”，但是语意一转，我们再温和地说：“可是、不过、但是……”这种“先扬后抑”“先褒后贬”的表达方式，有助于我们更好地与他人交流，你学会了吗？

登门槛效应：先提一个微不足道的要求

有这样一个故事：

有一家渔具店，一天，一位顾客在这家店消费了30万美元，这令老板吃惊不已，连忙问营业员其中的缘由。

营业员说道：“这位顾客是位钓鱼爱好者，他进来后，说要买渔具。我就先拿出最小号的鱼钩给他看，然后拿出中号的鱼钩，最后拿出大号的鱼钩。鱼线也是一样，我先拿出小号的鱼线推荐给他，然后是中号的鱼线，最后是大号的鱼线。他非常喜欢这些渔具，我们聊得还不错，我问他买渔具是打算去哪里钓鱼，他说要去海边，我于是建议他买一条船，他很愉快地答应了。就这样，他买走了那条带两台发动机的帆船。”

故事中的营业员在销售的过程中，循序渐进，步步为营，先推销鱼钩，再是鱼线，最后成功卖出帆船。**心理学家费里德曼和费雷泽把这种“犹如一步步登门槛，循序渐进地达到最终目标”的现象称为“登门槛效应”，又称为“得寸进尺效应”。试想一下，如果营业员一开始就推荐帆船，你觉得顾客会购买吗？心理学家认为，在人际交往中，让人们先接受较小的要求，能促使其逐渐接受较大的要求。因为一个人一旦接受了对方一个微不足道的要求，为了避免认知上的不协调，或想给他人以前后一致的印象，于是恢复协调的内部压力就会使他继续干下去或做出更多的帮助。**

因此，当我们想请求对方做一件较大较复杂的事情但又担心对方拒绝时，可以先向对方提一个他力所能及的小事情，那么我们吃闭门羹或者被人一口回绝的概率就会大大降低。

如果你能有效利用登门槛效应，你会发现，它不仅能让我们销售更多的产品，还能提升别人帮助我们的概率，提升追求异性的成功率，让孩子变得听话……登门槛效应，可以涉及生活的方方面面。一起来看看登门槛效应的使用技巧吧。

1.制定目标

首先，我们必须清楚，通过对方的配合我们想达到的目标是什么？

比如，让员工独立完成一个大的策划案、成功追到心仪的女孩、让孩子爱上英语……

要注意的是，无论是给自己还是给他人制定目标，不能跟现实情况出入太大，不可制定根本完不成的目标。

2.任务分解

目标制定后，就要进行任务分解。把一个大目标分解成多个小目标，先完成其中的一个小目标，然后再完成第二个，直至完成整个大目标。

比如，想让员工独立完成一个大策划案，可以让员工先完成“市场调查”的小目标，之后再完成“竞品调研”的小目标，再是“目标人群分析”……直至完成整个任务。

想追到心仪的女孩，可以先请女孩帮自己一个小忙，然后为了感谢她，约她吃个饭，吃完后再请她看个电影，之后约着出去玩，约着上下班，就这样，女孩慢慢放下戒心，二人顺理成章地在一起。

想让孩子爱上英语，可以先带孩子去看一看同龄孩子参加的英文比赛，让他领略一下其他孩子说英语时的风采魅力；之后可以陪孩子看一些英语原声动漫，借机引导；孩子有了些许兴趣后，再买一些有趣的英文绘本，陪孩子一起阅读。这样循序渐进的方法比起强制性地逼孩子学英语要有效多了。

最后，要提醒大家的是，上述方法是教我们如何利用登门槛效应去求助他人，但如果发现生活中有人在对我们使用登门槛效应时，又该如何做呢？心理学家认为，最好的应对方法就是设置好自己的边界。边界之内，可以力所能及地提供帮助，一旦超出边界，就要想办法拒绝了。

古德曼定律：用沉默来调节沟通的节奏

你有没有这样的感受：

● 面对着大领导做报告时，总是害怕冷场，哪怕一秒钟，那可怕的安静似乎要把我们所有的理性都吞噬掉。为了避免这种安静，我们会不停地说，导致说错话或者过度承诺，事后仔细回想，对自己的表现会感到十分懊恼和自责。

● 在社交场合，比起那些口若悬河的人，我们似乎更害怕那些沉默寡言的人，因为沉默令他们看起来深不可测。

● 在谈判场合，那些侃侃而谈的人似乎并没有获得好的谈判结果，相反，那个听得多说得少的谈判者反而获得了较大的利益。

由此可见，在社交场合，滔滔不绝、唇枪舌剑未必是沟通的法宝，有时候，沉默比语言更有力量。美国加州大学心理学教授古德曼曾经提出："沉默可以调节说话和听讲的节奏。沉默在谈话中的作用，就相当于零在数学中的作用。尽管是'零'，却很关键。没有沉默，一切交流都无法进行。"人们将他的理论总结为"古德曼定律”，也称作“沉默定律”。

古德曼定律是古德曼基于一定的调查及实验分析得出来的结果，他认为法国的国王路易十四就是一个擅用沉默来把控局面的高手。

每当大臣们就某件事争得面红耳赤的时候，路易十四反而端坐一边，不动声色地听着，很少发表言论。当大臣们想要他拿个主意的时候，他沉默少许，然后不置可否地说一句“我会考虑的”，便转身离去。路易十四的沉默令大臣们的内心七上八下，猜不透他的真实意图，反而更加诚惶诚恐了，路易十四的威望不降反升。连极度厌恶他的圣西蒙公爵都不得不承认：他创造了奇迹，他的威望因为寡言而得到提升。

的确，那些懂得沉默的人，在交往中能以静制动，让他人无法洞察其意图，并在时机成熟时一举掌握主动权。相反，一个太急于表达的人，必然缺乏足够的时间考虑自己的处境，他说得越多，暴露得也就越多。

那么，在人际交往中，我们该如何灵活运用沉默呢？要注意以下两点：

1.控制沉默的时间

心理学家认为，人际交往中，沉默的时间长短是有讲究的，应占到沟通时间的5%。如果沟通时间为1小时，那么沉默的时间控制在3分钟为佳。过长的沉默会让对方感到尴尬或者产生误解，过短的沉默又难以产生效果。

另外，一定要谨记：积极的沉默是暂时的，要见好就收。

2.把握沉默的时机

什么时候该沉默，什么时候不该沉默，都是有讲究的，即沉默的时机很重要。

比如，在谈判的时候，对方提出的条件令你不满意，这个时候无须多言，沉默地摇摇头，对方就知道你的态度了。若你沉默的时间把握到位，对方很可能还会亮出其他的条件，以此弥补突如其来的“安静”。

乙方想购买甲方的一批旧机器，这令甲方欣喜不已，甲方的心理价位是300万美元。

甲方向乙方介绍完机器的性能特点后，便很少说话，他告诉自己一定要沉住气，不能露出急于成交的心态。面对乙方一而再再而三地压价，甲方只是笑而不语，摇摇头。

乙方瞧甲方淡定的样子，认为甲方必定还有其他的卖家可选择，于是他咬咬牙，说道：“这样吧，400万成交，不能再多了！”

这令甲方欣喜不已，他完全没有料到，适当的沉默居然迫使对方做出了让步，给出的价位远高于自己的预期。

另外，当双方在交流中产生了不愉快时，还可用沉默来调节气氛，待双方情绪都平稳后再进行沟通。

3.沉默必须有目的

要知道，沉默不代表逃避，不代表无所作为，而是一种以退为进的策略，目的是更好地掌控局面。

总之，在人际交往中，只有灵活运用沉默这种手段，才能积极掌握沟通的主动权。

小测试：你是一个有说服力的人吗

我们每天至少会碰到一次别人照我们的意思行动的时候。为此，这里特别收集了10种日常最容易发生的情境，每种情境各有5个说服的方式，如果是你的话，你将采取怎样的措辞呢？

1.请公寓的房东粉刷墙壁。

A.“我们已经住了三年，多少也照顾照顾我们吧。”

B.“比起我们所付的房租来，这点费用真是微不足道的。”

C.“我也帮忙刷一部分吧。”

D.“最近有两三个外地朋友要来这里做客，他们很想找个合意的公寓租住下来，如果他们看到的话，说不定会成为你的顾客呢。”

E.“如果我是你的话，一定二话不说就大大粉刷一番的。这里又不是只有你一个人有房子。”

2.在宴会中想使一个醉鬼安静下来。

A.“明天一清醒，你就会后悔的。”

B.“那边有个漂亮的小姐在看呢，安静一点吧，我来介绍介绍。”

C.“你还不知道吧，大家都在看你呢。”

D.“安静一点，不要那么大声好不好。”

E.“刚才听说，你在最近的高尔夫球赛里得到优胜，可以告诉我一些详情吗？”

3.你儿子的成绩不及格，他的老师知道大部分的作业都是你代他做的，可是你却和老师商量，要求老师让你儿子及格。

A.“可是我的儿子确实是用功的，请给他加点分数奖励一下吧。”

B.“你们的校长是我的老朋友呢！”

C.“是我糊涂，怪我不是，请给他奋发图强的机会吧。”

D.“我那位当明星的弟弟最近要来，我给你介绍介绍吧。”

E.“只要这科让他及格，他就会喜欢上这门功课的。”

4.你正在为一项慈善事业募捐，对方却是个吝啬成性的人。

A.“只要你捐一点钱，我就写一张两倍数目的收据，好让你少付一些所得税。”

B.“我想本地的问题应由本地人来共同解决，不要让官方插手，不知你意下如何？”

C.“请你了解，这是身为市民应尽的义务。”

D.“如果你能捐款，就算赏我脸了。”

E.“这是十分有意义的慈善活动。”

5.暴徒拿枪顶着你的背，你不想让他抢你的钱。

A.“你真倒霉，我身上恰好没钱。”

B.“小心一点吧，我是空手道三段的高手呢！”

C.“老天爷，这是我一周来的血汗啊！”

D.“拜托拜托啦！没有钱我怎么回家见老婆呢！”

E.“我的皮夹子在裤子后面的口袋里，尽管拿去吧。”

6.你刚刚升职了，需要一位资格比你老却未能升职的同事合作完成工作。

A.“这份工作只有靠你的协助才能顺利进行。”

B.“上司快要退休了，我接了他的缺后，就提拔你吧。”

C.“真惭愧，他们把我提升了，其实你才是最合适的那一位。”

D.“现在我是上司，今后请听我的命令行事。”

E.“这是你的新机会，可以表现你的才能。”

7.你的儿子想看电视你却要他练钢琴。

A.“你弹得好的话，爸爸会多么开心呀！”

B.“好孩子该听话的，每个人都不得不做些不喜欢做的事呀。”

C.“我们来约好吧，我让你看完这个节目，你就乖乖练琴，不要再啰唆了。”

D.“你把琴练好了，会很讨人喜欢的。”

E.“不练琴，那所有的学费不是都白交了！”

8.你的秘书晚上有个约会，你却不得不请她加班工作。

A.“把约会取消吧，打完这个报告我就请你吃一顿好的。”

B.“上头吩咐，今天非把这个报告书发出去不可。”

C.“我明知这是不情之请，可是情况紧急，拜托拜托吧！”

D.“打完这个报告，不然就回到过去的部门吧。”

E.“我相信这件工作只有你才可以做好。”

9.你想要丈夫和你一起去度假。

A.“今天我见了王大夫，他说你得休息休息。”

B.“你常常因工作出差去外地，我想偶尔也去别的地方转转。”

C.“你说，到风景宜人的××去休假十天，不是很惬意吗？”

D.“亲爱的，我好想去度个假呀，太想啦！”

E.“不是很妙吗，只有我们两人一起去度假！”

10.你超速驾车，想请警察通融通融。

A.“仅此一次，请高抬贵手吧。”

B.“我送给你一些钱，请就这样算了吧。”

C.“也许你不相信吧，我一直都是很规矩的。”

D.“可能是稍稍开快了些，我只是一时糊涂没有觉察而已。”

E.“实在是不得已，我有个急事非赶快不可啊！”

参考答案

事实上我们并没有一成不变的说服要领。人心各不同，人们的语言、态度也五花八门，变化多端。重要的是要有随机应变的态度。然而心理学家认为，有时最高明的技术反而行不通，而最拙劣的方法却大行其道。如果碰到以上10种情境时，可参考下面的答案。

1.D

一般说来，人只要知道接受你的意见是有利可图的，那么他必然会欣然顺从你。

2.E

醉鬼往往是不可理喻的，要是你能转移他的注意力，诱导他大谈得意事，让他尽情发泄，必会使他安静下来。

3.C

自己不对时应该勇于认错，大大方方地低头。

4.B

精明的售货员都会见机行事，看对象而使用适当的措辞。

5.E

好汉不吃眼前亏，碰到不得已的场合，与其犹豫不决，不如干干脆脆认命！

6.A

要使别人帮忙做事，最重要的是使人感到重要。

7.C

该妥协，想要取得双赢，有时候你就得做出些让步。

8.E

人在被信赖而激发起自尊时，最能努力工作。

9.A

这是单刀直入的战术，是可以奏效的少数情况之一。我们对于医生的命令通常都会低头的，只要诉诸人类自我保护的本能，总不难达到目的。

10.D

在犯错后碰到警察这种无可奈何的场合，乖乖地低头往往是最好的方法。

这10个问题中如能答对8个，你的说服力便及格了。如果答对的题数在8个以下的话，那就有再研究一下你的说话技术的必要了。

第六章

讲话入情入心，激发情感共鸣

情绪管理：别让坏情绪左右你的情感

先来看下面两个例子：

情景一

儿子：妈妈，我的语文书找不到了，你看到了吗？

妈妈：没有呀，你好好找找。

儿子：书桌、客厅我都找过了，没有看到。

妈妈：我正在晒衣服，你看看书架上有没有？还没有的话，等我晒完衣服陪你一起找。

儿子：找到啦，就在书架上。我上学去啦，拜拜，妈妈。

妈妈：再见，宝贝！

情景二

儿子：妈妈，我的语文书找不到了，你看到了吗？

妈妈：你天天丢三落四，我又不负责保管你的语文书，你怎么不把你自己弄丢！赶紧找！

儿子：没看到就没看到，说这么多干吗？

妈妈：跟你爸一个样，东西找不到就问我，我又不是这个家的保姆！

儿子：……

妈妈：就这，你奶奶还埋怨我对你们爷俩不够体贴……

儿子：……（砰的一声，关上门上学去了！）

试想一下，如果你每天被情景二中的负面情绪包围的话，是多么令人恐惧的一件事情啊。儿子被劈头盖脸地骂了一顿后，又是抱着怎样沮丧的心情去学校的呢？

情绪，是对一系列主观认知经验的通称，是多种感觉、思想和行为综合产生的心理和生理状态，包括情绪体验、情绪行为、情绪唤醒和对刺激物的认知等成分。在生活中，最普遍的情绪有喜、怒、哀、惊、恐等，当然，也有嫉妒、惭愧、羞耻、自豪等其他微妙的情绪。

在生活和工作中，你是一个带着情绪去沟通的人吗？**心理学家认为，情绪几乎参与了人们所有的决策和行动。在职场中，情绪化沟通是人际交往中的常见现象，有的人希望通过强烈的情绪表达，促使对方关注自己，并满足自己的内心需求。殊不知，在很多场景中，当你对他人爆发强烈的负面情绪时，对方并不会买你的账，他不会忍让，也不会克制，相反，他会用同样的情绪来和你对抗。**所以，在人际交往中，不带情绪才是沟通的正确方式！

人生在世，不如意之事十有八九，大家都免不了受负面情绪的侵扰，这时候如何正确地管理情绪就显得非常重要。我们要做情绪的主人，而不是被情绪掌控，拿破仑曾说：“能控制好自己情绪的人，比能拿下一座城池的将军更伟大。”

当你在交流中忍不住想要指责、抱怨或发怒时，不妨试试下面三种方法：

1.和自己对话

沟通前，不妨问自己五个问题：

A.沟通的时间对吗？

B.沟通的地点对吗？

C.我的状态和感受可以吗？

D.他的状态和感受可以吗？

E.无论沟通效果怎样，我都能接受吗？

如果能把这五个问题想通，就等于做到了理性和感性的结合，为接下来的沟通开了一个好头。

2.暂停沟通

如果你感觉情绪就要发作了，这时，立刻找一个借口暂时离开交流现场，让沟通对话自然地暂停。

心理学家经研究发现：人体控制感性的中脑比控制理性的大脑大概要快3~15秒钟。也就是说，当人发泄完情绪后，对这个情绪的评价、判断和管控的能力却在15秒左右后才到来，这也能理解为什么吵完架后，大家总是对刚说出的话感到后悔和懊恼。

因此，暂停沟通，等于是多给自己一些时间，从而让理性更好地管控感性。等情绪恢复后，再继续沟通。

3. 深呼吸

很多人曾尝试过，这个方法非常有效，当自己情绪快要发作时，不妨走到一个安静的地方，进行深呼吸。具体的做法是：深吸气，先使腹部膨胀，然后使胸部膨胀，达到极限后，屏气几秒钟，慢慢呼出空气，反复进行几次。一呼一吸间，坏情绪似乎也随着呼出的空气排走了。这个方法看起来简单，但是有效，需要长期坚持。

当然，以上是针对情绪即将爆发时采取的办法，我们更需要的，是从日常生活中就培养起管理情绪的能力。比如假装快乐、面带微笑、用心体验他人的感受等。抛开情绪的羁绊吧，以亲切真诚的态度和他人相处，我们的人生就会变得愉悦起来！

建立同理心：感情的共鸣是沟通的润滑剂

场景一

孩子：妈妈，我数学又考砸了……

妈妈：这不是在我预料中吗，你哪次考得好了？平常让你复习你又不听。

场景二

女生甲：亲爱的，我和他吵架了，好难过。

女生乙：呵呵，当初你不听我的劝，就他那个渣男，你还老是为他辩解。哎，好了好了，我不说他了，你别哭……

场景三

男子甲：哎，我离婚了。

男子乙：知足吧，至少你还结过一次婚。

上述场景是不是很熟悉？当亲人或朋友向我们倾吐烦恼，以求获得我们的鼓励和安慰时，我们却总是站在自己的立场思考问题，说出去的话不但没起到安慰的作用，反而让对方更受伤，这是同理心缺乏导致的人际沟通障碍。

“同理心”是个心理学概念，也称为共情，是指在人际交往过程中，能够体会他人的情绪和想法、理解他人的立场和感受，并在此基础上思考和处理问题的能力。形象地讲，同理心就像湖面的水晕，当两个不同位置的水晕相接时，彼此会互相抵消，最后消失；当两个水晕从相同位置出发时，就会产生更大的水晕，抵达更远处，这如同物理学上的同频共振所释放出的神奇能量一样。

的确，缺乏同理心的人在与人交往的时候，往往无法与对方产生心灵上的共鸣，他们只会将自己的意见强加在他人身上。相反，如果我们能将心比心、设身处地站在对方的角度思考问题，很多人际关系中的问题都能迎刃而解，比如可以建立亲密感、获得更多的信任等。正如心理学家所认为的那样：同理心是人际交往的基础，一旦具备了同理心，就更容易获得他人的信任，而所有人际关系都是建立在信任的基础上的。

那么，如何建立同理心，与对方产生情感上的共鸣呢？心理学家认为，可以分成四步：

1.真诚地倾听

如果对方有倾诉的需求，那么，请放下手中的活，用眼神和肢体语言告诉对方我们已经做好了倾听的准备，这是对他的尊重。当然了，关于倾听时机的问题，对方肯定也为我们想好了，没有谁会半夜把人吵醒进行吐槽吧？如果有，就说明你们的关系非常亲密，那么就更需要调整自己的状态，进入倾听模式了。

2.接受观点（无条件）

当对方找我们倾诉时，最大的需求是分享自己的难过、沮丧或痛苦，他并不太想找个人来告诉他应该怎么做。这个时候，我们能做的，就是接纳对方所有的观点，无论是对的，还是错的，不要做任何的判断或批评。

3.察觉情绪

在倾听的过程中，我们应该仔细分辨对方的情绪，是愤怒？悲伤？还是焦虑？然后，从自己的内心深处挖掘出同样的情绪，感同身受。

4. 用心联结

当对方陷入情绪中无法自拔，任何道理他都听不进去，他需要的是感同身受，是一个温暖的怀抱。因此，我们可以这样安慰他："我也不知道该说什么，我很高兴你能把心事告诉我，我愿意陪你一起渡过难关。"这样会让对方感觉到被尊重，从而将心房打开。

最后，心理学家想提醒大家的是，所有的方法与技巧只能作为沟通的工具，我们的目的是用耐心和真诚浇灌出爱的果实。

适应原则：学会在沟通中主动适应对方

先来看看如下两个小故事：

有一天，学生冉求问孔子："听到了就行动吗？"孔子说："听到了就行动。"而学生子路问："听到了就行动吗？"孔子却说："有父兄在，怎么能听到就行动呢？"学生公西华非常诧异，同样的问题，为什么孔子的回答却不一样？孔子答道："冉求做事退缩，所以我让他立即去做，而子路做事胆大鲁莽，所以我告诉他要三思而后行。"

有一天，一家公司的女总裁王蔷处理完事情后回到家。这时已经很晚了，她发现没带钥匙，于是敲了敲门，里面有人问：“谁？”王蔷傲然地说道：“总裁。”但是丈夫好像没听到，门没有开，王蔷只好继续敲门，里面又有声音传出：“谁？”王蔷缓了缓口吻，答道：“王蔷。”丈夫依然没有开门，王蔷只有继续敲门，丈夫不紧不慢地继续问道：“谁？”这时丈夫听到了一个温柔的回应：“亲爱的，我是你的妻子。”丈夫这才高兴地打开门，搂着妻子进了家门。

从第一个故事中我们知道，孔子懂得依据学生的性格特点来进行相应的教育。第二个故事很有趣，它告诉我们，一个人在社会中扮演了多重角色，面对不同的人，我们所扮演的角色是不同的，所以言行举止都要有所改变。

心理学上把这种谈话内容要适应交谈对象的年龄、性别、职称、社会地位以及家庭角色的原则称为适应原则。要知道，在社交场合，我们面对的是形形色色的人，每个人的社会身份、性格特点、文化素养、兴趣爱好等都是不同的，如果我们用一贯的沟通方式去面对所有人，就如同射击不瞄准一样，是没有任何效果的。因此，**心理学家建议，在人际交往中，我们要调整自己的沟通方式去适应对方，这样交际之路才能变得宽广起来。**

具体应该怎么做呢？

1.了解对方的性格特点再说话

对方心思细腻，重视礼节，我们若采用随意的态度去交流，那么对方肯定不高兴；如果对方大大咧咧，不拘小节，我们却谨慎对待，对方必定心生厌烦……所以，与人交流时，我们要先了解对方的性格，再“对症下药”，这样说的话才能正中对方下怀。一般来说，要遵循如下原则：

与外向的人交流，要多听；与内向的人交流，要注重引导；与固执的人交流，要懂得以退为进；与自卑的人交流，要以鼓励为主；与自尊心强的人交流，要善用激将法；与鲁莽的人交流，要用严谨的态度去对待；与性格豪爽的人相处，说话可直截了当……

2. 了解对方的身份再说话

俗话说，到什么山上唱什么歌。这话用在人际交往中也是一点没错的，我们应该依据对方的身份来说话。千万别以为这是一种投机取巧，这实则是人际交往的大智慧。

比如，你对一个农民说文绉绉的话，对方肯定感觉一头雾水；同样，你对着一个很有文化学识的人说话，却是满口的江湖气，对方肯定也是非常反感的。

同理，你是公司的领导，在下属面前无疑要树立威信，这无可厚非。但是当你回到家，面对妻子，你就成了地位平等的丈夫；面对孩子，你应该是严厉有爱的父亲；面对父母，你应该是孝顺有礼的儿子……试想一下，若是用领导的口吻对妻子、孩子还有父母说话，会产生什么样的效果呢？

因此，在人际交往中，一定要学会应用适应原则，把握好语言的分寸，否则势必影响交际效果。

3.看对方的兴趣爱好

比如，和家庭主妇聊孩子的教育和柴米油盐，和喜欢看《新闻联播》的人聊聊国家大事，和喜欢书法的人聊一聊我国的书法家，和喜爱电影的人聊一聊最近刚上映的大片……然后再顺着话题进行挖掘，随着交流的逐渐深入，对方会透露越来越多的个人信息，这说明你已经得到了他的认可。

当然，我们还可以根据对方的心理需求、年龄特点等投其所好地说话，这样更容易赢得对方的好感。

最后，心理学家提醒大家：上述方法都是建立在观察与了解的基础上才能进行的，如果你不善于观察对方，无法摸清对方的性格、喜好等，那么在沟通前，要先对对方进行一番侧面了解。

适度原则：不妨多给对方留一些余地

敏敏和徐涛恋爱两年多了，关系一直不错。

有一天，两人在公园里散步，敏敏挽着徐涛的胳膊，有一搭没一搭地聊着天，敏敏问："你说，咱俩在一起这么久了，你觉得我身上还有哪些地方需要改善的吗？"

这原本是一道测试男友的送分题，徐涛只要回答“你在我心中最完美”就能轻松过关，没想到徐涛硬是把它变成了“送命题”。他答道：“问题不少：不够勤快，做事懒散，自己的屋子总是乱糟糟的，也不知道收拾一下，花钱也大手大脚的，以后结婚了，这可怎么办……”

徐涛还在数落中，却没注意到敏敏的脸色已经越来越难看，他把心中积攒的对女友的不满一股脑地说了出来，最后的结局可想而知。

这个故事告诉我们，在人际交往中，凡事要讲究个度。**心理学把与人交往中，言谈举止、态度、表情及行为等表现适当，分寸把握得恰到好处的原则称为适度原则。**俗话说，月满则亏，水满则溢。在与人交往中，尤其在交流的时候，什么该说，什么不该说，说到什么程度，都是需要仔细拿捏的。

那么这个尺度该如何把握呢？可以从以下几个方面着手：

1. 话不能说得太满

在人际交往中，有人自恃“真性情”，总是毫不留情地揭露对方的缺点，批评对方的行为，逼得对方哑口无言、无地自容。他们还理直气壮道：“我人就这样，讲话直。”殊不知，这样其实暴露了他的短视及刻薄。

心理学家认为，当你把话说得太狂太满的时候，不管你们的爱情有多甜蜜，你们的友谊有多铁，久而久之，对方都会因为厌恶、恐惧而渐渐疏远你。

2.看破不说破

人非圣贤，每个人都难免会做错一些事，如果你看破了别人的心思，也请不要点破，大家心知肚明即可。说得太白，反而会伤了彼此的和气，破坏了原本和谐的气氛。

在人际交往中，我们不要戳别人的痛处，看破不说破，给对方留余地，也是一种善良。

3.尊重对方的立场

当对方的观点与我们完全相反时，有的人就会抓住对方言语中的漏洞据理力争，咄咄逼人。殊不知，任何人和物都具有多面性，站在不同的角度去思考，就会有不同的结果。你的结论未必是对的，对方的结论也未必是错的，只要不损害我们的利益，我们就应该尊重对方的立场。

4.不要背后议人短

很多人喜欢在背后议论他人，**心理学家相信这是一种普遍的行为，因为“60%的成人对话都是为了谈论某个不在场的人，而且大多数情况下都会对此人有所评价”**。

既然想要完全不评价他人是不太现实的，那么我们应该怎么做呢？

心理学家建议：针对这个人做事的方式进行评价，但不要上升到人身攻击。如果图一时之快，侮辱了对方的人格，不仅会给对方的声誉造成严重影响，还可能导致祸从口出。

南风效应：成功的人际关系＝外在温暖＋内在强悍

北风和南风都觉得自己很厉害，为了分出个高低，一天，两人打了一个赌，看看谁能让路上那个行人把大衣脱掉。

北风先来，它使出了自己浑身的力气，霎时间街道上狂风大作，温度也随之降低了，行人身上的大衣被吹得呼呼作响，北风很得意，就等着把行人身上的大衣吹掉。哪知行人立刻裹紧了身上的大衣，继续前行。

轮到南风了，它只是轻轻地吹着，微风拂面，既舒服又温暖，不一会儿，行人感到身上有些热，于是把身上的大衣脱掉了。

南风以一种宜人的温暖轻松战胜了北风。

后来，这则寓言被借鉴到心理学中，成了著名的“南风效应”，也叫“温暖法则”，它寓意了人际关系中无往而不利的沟通法则——温暖胜于严寒。

中国有句老话：良言一句三冬暖，恶语伤人六月寒。这句话与“南风效应”的启示不谋而合，温和的言语及处世行为，更容易让人接受。你是否认为，生活中那些性子温和的人比高冷的人更受欢迎？心平气和地交流比剑拔弩张地沟通更能解决问题？委婉地提出建议比冷冰冰地下命令更能让人接受？说服他人时面带微笑比冷冰冰地端着架子更有说服力？

在人际交往中，很多人都有一个认知上的误区，他们认为那些外表强悍的人是强大的，那些外表温和的人是弱小的。其实不是，有心理学家如此解释强大与示弱：每个人的强与弱就像我们的手心手背，不过是同一事物不同方面而已。假如我们把强大对外，那么就把脆弱放在了心里；反之，假如我们内心足够强大，那么就会敢于向外示弱。意思是外表越强大的人，内心越脆弱，因为他内在的能量都被用于向外抵抗了。相反，外表温和，内心强大的人是向内收敛聚焦的，他们的能量并不向外投射，而是用来净化心灵，清除杂念。因此，温和远比强悍更具力量！温和是一种主动的谦和，而不是真正的脆弱。

下面将站在不同角色的角度来分析，怎么说，如何做，才能成为一个外表温和、内心强悍的人：

如果你是一位企业管理者，应该深知在市场竞争日趋激烈的今天，很多企业都崇尚军事化管理，员工的成长速度确实很快，但同时员工的流失率也很高。原因在哪？有的领导用冷峻的面孔来面对员工，用强势和冰冷的制度来约束员工，从不关心员工的生活及内心需求。强压下，员工根本感觉不到温暖、归属感和人情味。**在管理中，领导应该做到恩威并施、刚柔相济，严厉的同时，也要让员工感受到“春风般的温暖”，只有这样，才能为企业留住人才。**

如果你是一位教师或家长，一定知道“北风式”教育是不可取的，这种教育只会加重孩子们的逆反心理。相反，**对待孩子们应该多用“南风式”教育，多说鼓励的话语，赞美他们好的地方，动之以情，晓之以理，才能起到事半功倍的效果。**

如果你是一位性格强势的妻子或丈夫，你是否发现伴侣与你的关系越来越僵？两人话说不到两句便吵了起来，针尖对麦芒，谁也不让谁。**如果在婚姻中你能学着示弱、服软，懂得“以柔克刚”，伴侣会很容易被你的柔情所打动。要知道，婚姻中两个人都强势，据理力争，是很难过好日子的。**

无论你在社会中扮演了什么角色，都应该明白，人人都渴望温暖，人人都喜欢能给自己带来温暖的人。希望你是那个能给人带去温暖的人！

角色置换效应：站在对方立场进行说服更有效

不被人理解是一种怎样的感觉？是感觉心里像压了一块石头，透不过气？是无力感？还是被抛弃的感觉？心理学家认为，在人际交往中，企盼得到他人的理解是一种天性。如果有人能站在我们的立场上说话，那无疑是一种莫大的幸福。

反过来说，你是一个能站在对方立场想问题的人吗？我们总是抱怨别人的冷淡、不理解，但如果你是一个不去理解别人的人，自然也得不到别人的认可。正如心理学家所说："我们一定要了解别人的立场，人与人之间会冲突、会不愉快、会争执，是因为他们没有站在对方的立场。"

社会心理学把交往双方的角色在心理上加以置换从而产生的心理效应，称为角色置换效应。用中国人的老话来说，就是"将心比心"。

在人际交往中，自以为是的人总是用挑剔的眼光去寻找对方的错误，他们指手画脚，想当然地以为靠自己的知识、经验或条件，就能说服对方，让对方"臣服"于自己。殊不知，这样很容易激发对方的逆反心理，从而导致事情的结果与他们所期望的截然相反。而**聪明的人则会站在对方的角度，努力去理解对方的行为及言语，理解对方，从而获得对方的信任。心理学家认为：从对方的立场出发，为他分析出事情的利弊，对方便会主动地按照你的思路走下去。**

那么，如何进行角色置换呢？

1.摆脱以自我为中心的心态

人际交往都讲究互惠互利的原则，想要别人对我们好，首先我们要好好对待别人。在交往中一味满足自己的自尊，只会让自己与他人形成对立。

因此，对那些以自我为中心的人来说，应该在生活中学会让步，学会尊重，试着去关爱、帮助他人，从中体会付出的快乐。也可以多和那些真诚热情的人交往，不知不觉你会想以同样的方式去报答他们。

2.不能强求对方也换位思考

在交往中，强迫对方和我们一样换位思考，是一件非常累非常难的事，很容易造成心理失衡，毕竟我们只能要求自己，无法要求他人。我们能做的，是做好自己，用真诚的态度去影响对方，用自己的魅力去感化对方。

最后，心理学家提醒大家，换位思考不能靠牺牲自己的原则来换取对方的好感，所有的沟通都应该建立在平等的基础上，否则就失去了沟通的意义。

安全阀效应：允许对方宣泄自己的情绪

在人际交往中，每个人都当过“情绪垃圾桶”：失恋的闺蜜抱着你痛哭，妻子向你诉说孩子的“劣迹”，挨训的同事把气撒在你身上……这个时候，你会怎么做呢？心理学家认为，学会处理别人的情绪，是交际中的一门学问。

看过《红楼梦》的朋友应该知道，里面有一个很经典的情节：

晴雯不小心摔坏了宝玉的扇子，然后和宝玉起了争执。这时候袭人在旁边劝说道：“要是心里恼我，你只和我说，不犯着当着二爷吵；要是恼二爷，不该这们吵的万人知道。”哪知晴雯听后火气更大了。这时候宝玉火气消了，还抱来了很多扇子让晴雯撕着玩，等到晴雯把一大堆的名贵扇子撕尽后，她的火气消了，也能听得进去劝了。

由此可见，当对方处在激烈的情绪中时，我们要先引导他宣泄情绪，帮助对方从紧张激烈的状态中放松下来，之后再来讨论问题。因为过多的消极情绪积压在心中，会导致心理负荷过重，产生心理或生理上的疾病，所以，情绪宣泄应该比事件解决、检讨对错更为优先。**心理学上把将不良情绪加以宣泄并使心理获得平衡以利于组织内部矛盾与冲突的缓和与解决，利于身心健康的现象，称为“安全阀效应”。**

那么，对方出现情绪时，我们应该如何应对呢？

1. 不要感到不耐烦

也许被人当作情绪的垃圾桶，我们会有些不舒服；被人无缘无故地撒气，也会让我们觉得委屈窝火；被抱怨、愤怒等情绪包围，多少都会影响我们的心情……但是，不妨从另一个角度想想，向我们倾诉的人除了亲人就是朋友，他们是我们身边最重要的人，也说明了我们在他们心中的重要性。同样，如果对方发生了什么令人高兴、兴奋的事情，他们也是最愿意与我们分享的。所以，要允许他们在我们面前宣泄情绪，不要不耐烦。

2.让他尽情地哭

当对方感到伤心、失望或痛苦时，哭泣是一种自然的生理反应，是情绪累积后的释放。

这时候，我们应该安静地陪伴，适时递上纸巾，并轻拍着对方的背，让他先痛痛快快地哭一场。等到他情绪平稳时，再给予安慰。

3.认真倾听

人都有被倾听和被理解的需求，尤其在处于激烈情绪中时，更有倾诉的冲动。这个时候，我们要认真倾听，帮他建立勇气。

如果是当面互动，我们要不时地点头，运用“嗯嗯”“真的吗？”“太过分了”等附和的话鼓励他说下去，让他的情绪通过倾诉宣泄出来，而且了解事情的始末也有助于我们给出合理的建议。

4.适时逃离

当对方在其他地方受了气，然后把气转移到我们身上时，我们需要暂时逃离，让他先发泄发泄。切记，一定不要硬碰硬，因为此时回应就是火上浇油，我们必须明白，他的气不是针对我们的，我们应该跳出来看问题。渐渐地，你会发现，我们已不会轻易被他人的坏情绪所影响。

最后，心理学家提醒，以上方法技巧可以培养我们“安慰别人”的能力，但同时，我们也要学着编织坚硬的外壳来保护自己，远离负面情绪。

小测试：你的共情能力有多高

共情力（empathy），是当下社会心理学与社交心理学都非常重视的一个话题。因为共情力涉及人际关系、情绪控制、心理压力、情感疏导等各个方面。一个人拥有多强的共情力，就会有多稳定的情绪情感、幸福感等。那么，你的共情指数有多高呢？你到底有多么通情达理、善解人意呢？通过下面的测试，来认识一下你自己吧！

测试开始

1. 当与你交谈的对象观点与你有分歧时，你会表现出激动和不安吗？

是的→1分　　偶尔→2分　　不会→3分

2. 当别人向你提出一个问题，你觉得对方问得含糊其词，你会要求对方解释一下吗？

不会→1分　　　偶尔→2分　　　是的→3分

3.当你在工作或者生活中遇到困难的时候，你通常会怎么做？

苦思冥想→1分

问一下关系好的熟人→2分

请教相关的专业人士→3分

4.在你与交谈对象谈话时，你总能够听出言外之意吗？

不是→1分　　　偶尔→2分　　　是的→3分

5.你与他人交谈时，是否会刻意选择你与对方都感兴趣的话题？

不是→1分　　　偶尔→2分　　　是的→3分

6.当你在非常嘈杂混乱的环境中时，还能专心做事吗？

不能→1分　　　偶尔→2分　　　可以→3分

7.当有人对你提出反驳意见时，你是否会等对方把事情讲清楚后再辩解呢？

不能→1分　　　偶尔→2分　　　可以→3分

8.你是否知道你说话的声调会影响别人？

不知→1分　　　偶尔→2分　　　知道→3分

9.当你去商场选择新衣服时，你会怎么做？

总是固定在一种款式上→1分

听取陪同的朋友或者销售员的意见→2分

跟随新潮流，希望适合自己→3分

10.与交谈对象谈话时，你会经常注视对方的眼睛吗？

不会→1分　　　偶尔→2分　　　可以→3分

11.在跟交谈对象说话时，你能否指出对方所说的话和对方所感受到的两者之间不协调的地方？

不能→1分　　偶尔→2分　　可以→3分

12.当你的工作或者生活中，遇到很大的阻力与困难时，你会有什么反应？

经常改变既定的主意→1分

不改变既定的主意→2分

更加有干劲→3分

测试结果

12~18分→共情指数：★

从测试结果来看，你非常缺乏共情力，这主要表现在三方面：

一是你没有学会倾听，通常你无法理解对方真正表达的含义是什么；而且你缺乏足够的礼貌，虽然还不至于不尊重对方，但是你没有养成一个良好的倾听习惯。

二是你不懂得沟通的技巧，你所说的话难以表达你内心真正想说的。

三是你难以适应复杂的环境，缺乏吃苦耐劳的精神。

综上所述，你的性格应该是有着很强的自我意识，处处想要表现自己，有着一定的叛逆心理，不善于与团队合作，社会成熟度很低。当然，这些都是年轻人的共同特征，只要在社会上历练几年，就会逐步改变。

19~24分→共情指数：★★★

从测试结果来看，你的共情力属于平均水平，勉强算是及格了，但是要想真正地通过你的共情力来稳定你的社交圈，还需要一颗真诚的心。

拥有较高的共情力不是说说而已，你需要推心置腹地体会对方的情感，否则还是难以理解对方真正的情绪。

共情力的培养，其实也是习惯问题。首先认真倾听，站在对方的角度来思考问题；其次就是要学会表达与沟通，将你内心真正想说的表达出来，这是情感压力的释放过程；最后就是要能够适应不同的环境。

25~30分→共情指数：★★★★

你目前的共情力已经处于不错的水平了，你懂得如何倾听对方的谈话，能够充分地理解对方的意图，具有较强的同理心。你知道如何表达自己的看法，能够真诚地与对方谈话，不虚伪不造作。你能慢慢适应不同的环境，不断提高适应能力。所以，你目前的朋友圈还算是稳定，而且你也是属于比较活跃的人，能够带动大家的情绪，是值得信赖的人。

31~36分→共情指数：★★★★★

经过测试，你目前的共情力已经超出很多人了，你在社交场所可以说是如鱼得水。你不仅有着很强的同理心，善解人意、通情达理，还能够设身处地地为他人考虑，能够照顾到大局。你的话语具有较高的权威性，是大家尊重与信赖的人。你在朋友圈中往往处在核心的位置，充满了理智与悟性，能够适应复杂多变的环境。

第七章

做好双向互动，不做沟通“冷场王”

双向沟通效应：有来有往的沟通才会更高效

什么是双向沟通效应？先来看下面这个故事。

杰米从小就被认为很聪明，在5岁的时候，他就能背很多的诗歌，也学会了很多的事情，会讲很多的故事，大家都称赞他。

杰米长大后，女孩安娜被他的聪明才智折服，两人很快坠入爱河。但是随着相处时间的增多，安娜渐渐发现了杰米身上的问题：他能讲很多话，但是并不想听别人说话。

安娜这样跟朋友描述杰米："他说话的速度很快，根本不让我插一句话，他甚至听不到我在说什么。我试图打断他的话，或是对他的话做出回应，他停顿几秒后又开始新一轮的自言自语。我实在不想听他一个人自说自话了，于是我进了厨房，但他会跟着我，继续讲他那永远讲不完的话，我都快被他逼疯了。"

不仅如此，杰米在工作上的确是有能力，但是他常常以不合时宜的方式同领导讲话。有时候会议结束了，他还在不停地拉着领导说他自己的看法，领导很严厉地制止他，告诉他方案已确定，仅需执行即可。但杰米好像不明白领导的话，依旧自说自话，他似乎很享受这个过程。最后，杰米被领导解雇了。

在这个故事中，我们可以确定的是，杰米有着很好的语言能力，他在学业上的成绩也不错，但是这些并不能帮他建立良好的人际关系。他在沟通上存在着严重的问题，只顾自己说，根本不听对方的反馈，充其量只能称为单向沟通。

单向沟通是指没有信息反馈的传递，而双向沟通才是有效的沟通。心理学是这样定义双向沟通的：在沟通中，信息发送者和接收者两者之间的位置不断交换，且发送者是以协商和讨论的姿态面对接收者，信息发出以后还需及时听取反馈意见，必要时双方可进行多次重复商谈，直到双方满意为止。

古人说："来而不往非礼也。"这句话同样可以用在人际交往中，如果交流的时候有来无回，一方积极主动，另一方消极应对，或者一方只顾自己说话，不听另一方反馈，必定会导致误会加深，影响工作和生活。

由此可见，建立有效的沟通互动模式就是在信息发送者和接收者之间建立起有问有答的对话习惯，这是需要一定技巧的。

1.明确自己的沟通目标

要想建立高效的沟通，那么在沟通前，一定要知道自己的沟通目标是什么。明确目标解决的是意图问题，比如通过沟通你希望达到什么样的效果，希望对方有什么样的反馈。

模棱两可、主题模糊的沟通是缺乏效率的无效沟通，是漫无目的的闲聊，这些都会给对方留下不好的印象。

2.准备沟通的素材

沟通的目的是解决问题，当明确沟通目的以后，我们还需要收集相关资料与素材，做到心中有数，而不至于到了现场临时抱佛脚。充分的准备可以让沟通事半功倍。

3.进行优质的提问

开始沟通时，信息发送者的提问非常重要，一定要紧扣主题，不能跑题。另外，心理学家认为，一个好的提问，一定是令人感到愉悦又能启发思考的，这样才能收获有效的反馈。当然，提问者也可以事先准备好自己的问题，避免沟通时觉得不合适导致修改。

4.快速反馈

心理学家认为：反馈是沟通的一部分，是带有表态的沟通，体现的是信息接收者对沟通过程的主动参与性，及时且积极的反馈也是信息发送者调整沟通行为的重要依据。

当对方提出问题后，为了显示对提问者的尊重，我们需要做出快速的回应，否则沟通是不完整的。一来一往，一问一答间，才算完成了一个回合的沟通。

5.解决问题

在沟通过程中，有人因为对方的反应与自己的期望相违而放弃沟通，这是不对的。问题没有解决，还留下了隐患。正确的做法是，双方都应该大胆发表自己的观点，并针对矛盾点进行客观分析，努力寻求双方都满意的解决方案。

当然，为了让沟通氛围更融洽，我们应该注意说话的语气与口吻，比如："我很赞同你的那个论点，非常有新意，不过这样是不是更好点……"

希望通过对以上双向沟通过程技能的学习，能让你的沟通能力迈上一个新台阶。

威尔德定理：互动沟通，离不开高效的倾听

英国管理学家威尔德提出：人际沟通始于聆听，终于回答。这是著名的威尔德定理；许多心理学家认为：倾听他人的能力，即共情并理解他人的观念，是智慧行为的最高级形式之一……

古往今来，很多富有魅力的名人都是善于倾听的人。

白居易写完一首诗后常常要念给一些老妇人听，然后倾听

她们的意见，并对诗句进行修改。正因如此，他的诗平白如话，广为流传。

蒲松龄在收集写作素材时，仅靠一间草棚，几条长凳，几壶茶水，一支毛笔，倾听并记录无数路人讲述的民间故事，终于完成了传世名著《聊斋志异》。

卡耐基有次参加晚宴，碰到了一位非常有名的植物学家。与他交流的过程中，卡耐基甚少发表看法，只是用心地听植物学家讲话。晚宴结束后，植物学家向主人极力赞赏卡耐基，认为他是一个能鼓舞人的人，更是一个有趣的谈话高手。卡耐基感觉大吃一惊，终于明白，是因为自己的细心聆听赢得了对方的好感。

由此可见，有时候聆听比雄辩更能吸引人。可是，你会倾听吗？

正如“沟通”不仅仅是“说话”一样，“倾听”也不仅仅是“听见”。听见是不需要思考的，而倾听则是一种有效的思维习惯。

心理学家认为，人际交往就是沟通互动的过程，而这个过程离不开高效的倾听。那么，在交往中，你的倾听够高效吗？处于哪种水平呢？来看看下面几个问题：

- 对方说话的时候，你是否正在准备自己要说的内容？
- 在他人结束说话之前，你是否喜欢插话，打断别人的思路？
- 如果他人说话的时间比较长，你是否会失去耐心？

- 你是否觉得让他人理解你的观点比理解他人的观点更为重要？
- 如果他人告诉你他的烦恼或困扰时，你是否喜欢出主意？
- 你是否觉得自己善解人意？

如果你的回答更多的是关注他人，那么你是一个善于倾听的人；相反，如果你更多的是关注自己，那就需要在倾听上多下功夫了。

1.全神贯注地倾听

在交流中，我们可以通过非语言行为，营造一种积极的沟通氛围，如表现出关心的样子，做一个放松的姿势、一个友好的表情，或使用温和的语调……这些能让对方感受到被尊重与被需要，从而拉近双方的距离，心灵也会产生共鸣。倾听让沟通更加高效。

2.让对方把话说完

当你在听别人说话时，你真的能听懂他的意思吗？来看看下面这个小故事吧。

一位女士刚搬到新家，便忙着打理房屋，收拾行李。忙了一整天，她筋疲力尽、饥肠辘辘，想着要马上去煮点面条对付一下。这时候，突然停电了，坏心情顿时袭来，女士感觉自己实在是倒霉。

这时候门铃响了，女士实在不想去开门，有什么人会来找她呢？八成是邻居想来借蜡烛，她不想理会。可是门铃好像跟她较劲似的，一直响。女士猝然起身，满怀怒气地走到门口打开了门，她倒要看看，是谁这样惹人厌烦。

门口站着一个小姑娘。女士的脸色很不好看，她问道："你有什么事？"小姑娘说道："停电了，我妈妈让我问你有没有蜡烛。"果不其然。女士正要发飙，小姑娘接着说道："如果你没有蜡烛，没关系，我们家有，这是给你的。"说完，女孩从身后拿出一根蜡烛递给了女士。

女士为自己的想法羞愧不已。

因此，在交往中，听话不能只听一半，更不能把自己的意思投射到别人所说的话上。

3.不要问太多问题

在倾听的时候，适时回应是有必要的，但是要注意，不要提太多问题，我们只需要对对方正在叙说的内容进行反馈。因为提太多的问题不仅会扰乱对方的思路，还会让对方不安。

最后让我们一起来学习下面的这段话，节选自拉尔夫·拉夫顿医学博士的《论倾听》：

"当我请你听我说的时候，你却开始向我提你的建议，你没有做我请你做的事情。当我请你听我说的时候，你却开始告诉我为什么我不应该这么想，你这样就是在践踏我的情感。当我请你听我说的时候，你认为应该想办法解决我的问题，虽然这听上去有点奇怪，但是你真的很让我失望。

“听我说！我就是想要你听我说话，不是要交谈，也不是要你做什么：就是要你听我说……我可以自己去做那些，我也不是一点办法都没有了。如果你为我做那些我自己能够做也需要自己去做的事情，你只能让我觉得自己无能。

“相反，如果你能够接受我真实的感觉，不管这种感觉有多不合常理都能够接受它，那么我就可以不用再去说服你相信什么了，就可以着手去了解这种不合理的感觉背后有什么。如果一切都清楚了，答案也很明确了，我并不需要具体的什么建议。”

清空“成见”，你才能够听到更多

若兰刚成婚没多久，就陷入了一个万千女性同胞都为之苦恼的问题——婆媳关系。婆婆每天在小区里跟其他老太太吐槽，自己的儿媳妇每天下班后回到家都拉着一张脸，跟她说话都是爱搭不理的，就是“嗯”“噢”几句，甭提有多扫兴，多讨厌。她觉得儿媳妇就是故意针对她，不然为什么跟自己的妈在一起就能有说有笑的？

这话传到了若兰耳朵里，若兰感到哭笑不得——不是她不想和婆婆说话，而是婆婆总会从她的话语里听出莫须有的意思来。她怎么也不明白，同样的话，自己的妈听了没什么反应，但为什么婆婆听了心里就产生了疙瘩？

原因是什么呢？妈妈都爱自己的孩子，孩子说的话自然也是好的，就算说了不好听的话也不会真心计较，自然就没有摩擦了。而若兰的婆婆打从一开始就认为媳妇没有女儿亲，而且觉得儿子娶了媳妇后，对自己就没以往那么孝顺了，于是觉得若兰说的每一句话都是自私的，都是在挑衅她、漠视她。

这个案例说明了什么？心理学家认为，在人际交往中，当倾听者对说话者抱有成见时，大脑会根据累积的经验认知对话语做出判断，事实上，这种判断往往是错误的、片面的，并不能代表其真实的一面。简而言之，先入为主的成见会影响倾听效果，歪曲他人的意思。

曾有人做过这样一个实验：同样的一句话，让不同的人向同一个人说，结果令人吃惊。如果说话者是倾听者喜欢的人，那么倾听者听到的是开心、愉悦、祝福或甜美；如果说话者和倾听者有过交往上的摩擦，那么倾听者会从对方的话语里听出敌意、讥讽或怨恨来；相反，只有一个人将话的原意真正传达给了倾听者，这是个陌生人，与倾听者毫无关系。这说明，当我们不再带着深植于心中的偏见去倾听时，才能公平地对待每句话。

所以，我们要清空“成见”，全神贯注，才能听得更多。具体该如何做呢？

1. 帮话语重新找一个主人

在交往中，如果你从对方的话语里听出了敌意、愤懑等负面情绪，不妨为话语重新找一个主人，一个你对他完全没有偏见的人。让他把那句话说给你听，你就能真正听懂原话主人的意思了。然后你可能会恍然大悟：原来我并不是对他的话有成见，而是想借这句话来生他的气啊。

2. 学习空杯心态

在倾听时，对方话还没说完，你是否就对他的观点、想法或感受有了自己的见解？心理学家认为，这就是一种主观臆断，为了真正倾听对方的声音，我们需要放下一切“我知道”，用空杯心态全身心体会对方内心的声音。

以色列哲学家马丁·布伯曾对此作出了描述：“尽管有种种相似之处，生活的每时每刻依然像一个刚出生的婴儿、一张新的面孔，我们从未见过，也不可能再次见到。我们无法停留在过去也无法预见我们的反应。我们需要不带成见地感受变化。我们需要用全身心去倾听。”

3. 挖掘对方的长处

我们知道，聆听对方的观点及想法是非常重要的，如果要倾听的人正是我们所不喜欢的人，偏见必定会影响倾听的效果。这个时候我们不妨去挖掘对方的长处，并宽容他的不足，要知道，心胸宽广之人，总能发现他人的闪光点。试试吧，放下成见，换个思维，去倾听对方。

最后一句话与大家共勉：倾听是一种能力，它是以爱为基础的，没有尊重和爱作为基础，就不可能全身心地去倾听。

避免“选择性倾听”，全面接收对方传达的信息

在了解何为“选择性倾听”之前，先来看下面这个故事。

有一名医生受邀给一群酗酒者作演讲，演讲的内容是酗酒的危害。为了让酗酒者直观地了解到酒精的危害，医生打算给酗酒者们做一个实验。

他取来了两个容器，一个容器装着水，一个容器装着酒精。然后，他把一条虫子放进了装水的容器中，虫子在水中自由地游动。接着，他把另一条虫子放进了装酒的容器中，几分钟后，这条虫子就不动了。

医生问：“这个实验说明了什么问题？”

一个酒鬼答道：“多喝点酒，胃里就不长虫子了。”

这是医生想传递的信息吗？当然不是！这是选择性倾听的结

果。生活中，人们常常会选择自己期望的解释去接受别人告知的信息，然而这些解释往往和别人的真实意愿不符。

心理学家认为选择性倾听就是听者只关注那些自己感兴趣或印证自己想法的内容，并过滤掉不合自己口味及与自己意见相左的内容。选择性倾听的现象在人际交往中非常常见。

比如，几年前网上大肆报道大学生卖猪肉、大学生回家养猪的新闻，以致网络上流行起“读书无用论”的观点，并受到了很多人的追捧。为什么呢？好学生毕竟是少数，当那些好学生境遇不好时，便让那些不好好读书的人获得了心理安慰，认为自己与那些人并没有差距。这就是典型的选择性倾听——只听自己想听的。

比如，一个男人对家人解释，自己由于经济问题和女方分手了，而家人下意识地理解为女方嫌贫爱富，和男人分手了。

比如，因为自己性格内向、抵触社交，便愿意相信“孤僻也是一种优势”等论点。

心理学家认为，与人交往时，选择性倾听是不尊重客观事实的表现。由于看问题的方式过于片面，容易断章取义，以至于不能“就事论事”，从而影响人与人之间的正常交往。所以，我们要尽量避免选择性倾听。应该怎么做呢？

1. 学会完整倾听

完整倾听需要良好的专注力，切不可一心多用。在倾听时，不要打断对方，不要插嘴。在听到对方的论点时，不要评价，不要驳斥。等到对方讲完了，再提出建议。

当然，为了避免倾听时遗漏信息，可以采取边听边记的方式。

2. 求证重点信息

谈话的内容肯定是有主次的。因此在倾听的时候要对重要信息进行整合归纳，做到条理清晰，主次分明。

那么，如何来识别内容中的重点信息呢？一般来说，对方多次重复的话肯定是重点。另外，有人在讲到重点时会下意识地停顿，所以要抓住这个停顿点。

对方讲完后，我们可以将归纳的重点信息叙说一遍，向对方求证准确性。

3. 告诉自己忠言逆耳

俗话说："良药苦口利于病，忠言逆耳利于行。"有时候有用的话就是不中听，而那些顺耳、动听的话却往往会让人迷失自己。

比如，有的女人就容易被甜言蜜语所惑，以至于在情感中被骗；有的官员在众人恭维的话语中"一叶障目，不见泰山"，从而迷失方向……

所以，在人际交往中，我们也要倾听那些"不中听""不喜欢"的话，因为这些话很可能就是我们需要的，能够帮助我们全面地认识自己。正所谓"当局者迷，旁观者清"，旁人指点一下，我们可能就会恍然大悟，从而取得进步。

别让“沟通错位”现象阻挡你和对方建立联系

什么是沟通错位？先来看下面两个小笑话：

● 有一位大爷，因为咳嗽来看医生。

医生检查完后，对大爷说：“回去少抽点烟吧。”

一个月后，大爷又来了，依旧咳嗽。

医生说：“不是让您少抽烟吗？”

大爷说：“我一天也就抽半包。”

医生说：“那你以前每天抽多少？”

大爷说：“我以前不抽烟呀。”

医生：……

● 丈夫走进厨房，看见妻子正在做晚饭，他想帮帮忙，于是问妻子有什么可做的。

妻子说：“你在这里碍手碍脚的，不如去阳台上把洋葱剥了吧。”

丈夫答应了。但是刚剥两片，他就被辣得眼泪直流，于是问妻子有什么好方法。

妻子在厨房回应他：“在水里剥洋葱就好了。”

丈夫按照妻子的方法，完成了任务，开心极了。

他对妻子说：“老婆，你这个方法不错，美中不足的就是要在水里换气。”

妻子：……

这两个笑话真是令人捧腹，它们都说明了一个问题：在沟通中，我们以为对方听懂了自己的话，不再确认，而对方却理解成了另一种情况，导致结果南辕北辙，这种现象在心理学上被称为“沟通错位”。

当然，沟通错位还有可能是这样的：

你以为你是睿智的，但其实在他人看来你是狡猾的；

你以为你是可爱的，但其实在他人看来你是做作的；

你以为你是平易近人的，但其实在他人看来你是懦弱胆小的；

你以为你是坚持不懈的，但其实在他人看来你是顽固的、不变通的；

你以为你是心直口快的，但其实在他人看来你是恶语伤人，情商低下的；

…………

你自我认知的形象，跟在他人眼中的形象是不一样的。所以，你以为的不一定就是真的。

这种沟通上的错位会对人际关系造成什么样的影响呢？从神经学角度来分析，沟通错位会阻挡我们建立起镜像神经元的同理心，因为我们发出去的信息不能被准确地解读。从心理学角度来说，沟通错位会让我们无法与他人顺畅沟通，导致人际关系出现裂痕，从而阻挡和对方建立健康良性的关系。

那么在人际交往中，为了避免沟通错位，有什么好的方法和技巧吗？

1.和对方进行确认，明确听到的与理解的内容一致

这种做法很简单，无论你是说话者还是倾听者，都需要和对方进行确认，明确听到的与理解的内容一致。这种方法既简单又有效，可以避免把一方以为的当成是另一方认为的。

2.求助身边的人，请他们描述你身上糟糕的特质

找身边具有一定判断力的朋友、家人或同事，请他们来描述你身上的糟糕特质。但是，若直接询问："你觉得我性格上哪些特质不太好呀？"他们肯定会说："没有呀。"

正确的做法是：在纸上画表格，把你所知道的糟糕特质写上去，然后让对方在最符合你性格描述的特质上打钩。如果你找了三个人，你很快便会发现他们的共同选项，比如至少两个人认为你"傲慢"。这个时候，继续询问对方：最近有哪些行为表现出傲慢？这种行为多久出现一次？

记住对方的答案，在之后的时间里，你就要仔细留心自己与人打交道时的"傲慢"行为，然后逐渐改正。之后你会惊喜地发现，与人接触时变得容易多了，因为他人对你的不信任感、排斥感已经消除了，沟通错位被纠正，沟通变得顺畅了。

3.选出一个最需要改正的行为，请人给予建议

当你知道自己在沟通上存在的问题时，找出一个你最需要改正的地方，然后去找其他人给予改正建议。比如："我总觉得对方话里有话，怎么改变这种想法？"这个给你建议的人可以是妻子、父母、孩子、领导、同事，甚至是陌生人。陌生人可以给你最客观、最中肯的建议，亲朋好友可以依据你之前的行为模式给予最恰当、最有针对性的建议。

心理学家认为，这个方法比起第二个方法存在如下优势：人们总是不愿听对过去所犯错误的批评，但是都愿意听对未来改进的好建议。它依托的心理依据是：人们不能改变过去，但可以改变未来。

通过"反馈式倾听"，让对方感觉到你的理解

前面讲到倾听时，我们知道学会闭嘴很重要，要控制住自己想要诉说的欲望。

那么假设这样一个场景，你在找人倾诉的时候，对方面无表情，不为所动，你的心里是什么感受？是觉得像是对牛弹琴？还是感觉一拳打在了棉花上？

这说明了什么？说明倾听的过程中，反馈对方也很重要！**心**

理学上把在倾听对方时主动配合对方并且注意给予反馈的行为称为反馈式倾听。反馈式倾听不是让我们滔滔不绝地发表观点、看法或意见，而是认真倾听对方的话语后，了解其需求和感受，再按照我们自己的理解，将对方的需求和感受说出来，向对方求证。一定要注意，反馈式倾听的关键是对叙说者的需求和感受作出反应。

可以看看下面这个例子。

老师：我观察到你最近两天都早早来上早读课了，我心里很高兴，我很看重你的进步，所以我想问问，这是你偶然的行为吗?

学生摇头不说话。

老师：你摇头的意思是说这不是你偶然的行为，对吗?（体会他的感受和需求。）

学生：是的。

老师：也就是说你在主动改变自己的行为，对吗?（继续体会学生的感受和需求。）

学生：是的。

老师：是什么让你想要改变自己的行为，能够跟我说一下你的想法吗?（想要了解学生的需求。）

学生沉思了一会儿，但是摇了摇头。（出现了表达感受的非语言行为。）

老师：你沉思又摇头的意思是，你也不知道你为什么要这样做，但是就下意识地去做了，对吗？（帮助学生进一步表达感受和需求。）

学生：好像是的，我觉得我可以做到。（承认自己的需求和感受。）

老师：你是说，你想要做得比以前好，是这样吗？

学生：我好像也不太清楚。

老师：可不可以这样理解：你潜意识想要自己做得比以前好，但是你又觉得你现在的做法好像并没让你感觉到进步，所以你也不知道这样做到底有没有效果？（帮助学生进一步表达感受和需求。）

学生：是的，是的。（非常认可老师的话。）

老师：你其实很想提高自己的能力，而且你现在的改变是你知道且能够做到的，对吗？

学生：对的。

老师：那么你想不想让老师来帮助你提高能力？（提出解决方案。）

学生：嗯嗯！

不得不说，案例中的老师是一个倾听高手。在学生的只言片语中，他通过反馈式倾听一步步体会并说出了学生的感受和需求。很多人在进行反馈时，只会敷衍地用“嗯”“噢噢”等语气助词，或是点头微笑，这样的反馈是打动不了对方的。**我们最需要做的，就是在倾听中体会、询问并反馈对方的感受和需求。**

心理学家认为，由于文化的原因，中国人大多委婉含蓄，不会轻易表达自己的感受，更不大会提出自己的需求，所以需要我们在倾听中去捕捉这种感受和需求。但这是非常难的，需要长期的训练。

不信？那就考一考大家，下面两个对话中，哪个听者认真倾听并准确反馈了对方的感受和需求？

对话一

甲：我真受不了我自己，我现在变得这么胖！

乙：慢跑也许会有帮助。

对话二

甲：我紧张地筹备女儿的婚礼。可是，我亲家老是有新主意，真烦！

乙：听起来，你有些着急，你希望能得到理解与配合，是吗？

答案将在本小节末揭晓。

下面，想要告诉大家的是，尽管反馈对方的感受和需求很难，但是通过一定的技巧训练，可以提高我们的能力。

1.猜测+疑问句式反馈法

也许你已经注意到了，案例中的老师一直通过猜测+疑问句式来给予反馈。这样说的好处是引导对方把自己想要说的话表达出来，或者加以补充、确认或纠正。这个方法可以增强倾听的效果。

2. 对反馈式回答进行训练

毫无疑问，要想提高自己的反馈技巧，就一定要进行大量的训练。我们可以事先准备好素材，比如抱怨堵车、抱怨孩子等内容的问话，每隔一段问话后，我们就试着给出反馈（包含感受和需求）。进行大量的训练后，你会惊喜地发现，能抓住别人的情绪，甚至是对方自己都没意识到的情绪，那种感觉太棒了！

训练后一定要进入实战，就从身边的对话开始吧。

最后来揭晓本节中那两个对话的答案：

对话一中的乙没有用心倾听并反馈甲，只是对甲提了建议，并没有说出甲的感受（难过），也没有说出甲的需要（健康）。对话二中的乙用心倾听并反馈了甲，因为他说出了甲的感受（着急），又说出了甲的需要（理解与配合）。你猜对了吗？

用好鼓励，让对方感到自己有“价值”

从我们出生起，爸爸妈妈就一直鼓励我们成长；上学时，老师给我们颁发奖状鼓励我们；成家后，遇到困难，伴侣软语温言鼓励我们；工作中，各种奖励政策激励着我们……一路走来，鼓励，是我们前行的最大动力，人生的每一处精彩都离不开鼓励。

人为什么需要鼓励呢？很多人说不出答案，只是觉得比起批评来，鼓励让我们由衷地快乐！哲学家约翰·杜威曾说：“人类本质里最深远的驱策力就是希望具有重要性，希望被赞美。”心理学家认为，鼓励就是利用某种外部诱因调动人的积极性和创造性，使人有一股内在的动力，朝着所期望的目标努力前进。其目的是激发他人更好地工作、学习，积极上进，发展自我。**心理学家还发现，每个人都渴望被赞美，被鼓励，这源自个体渴望被尊重、被认可的精神需求。一旦这种精神需求被满足，人就会充满自信和动力。相反，一个人长期生活在不被赞美、不被肯定的环境中，他对待生活常常是消极的，很容易自怨自艾。**

那么，鼓励对于我们的人际交往又有着怎样的促进作用呢？

比如，在企业管理中，聪明的管理者就善于鼓励每一位员工。有时候不需要奖金激励，仅仅是一个眼神、一个小动作就能让员工开启努力工作的模式，因为领导的鼓励让他们认识到了自己的价值。

比如，在与人相处中，当对方失意或绝望时，鼓励可以帮助对方走出迷雾和绝境，这不仅彰显了自己的素养和人格，还能得到对方的尊重和感激，甚至是拥护与支持。

比如，在家庭和学校的教育中，用鼓励代替强制和利诱，能促进孩子学习的积极性，提升孩子学习的信心和动力。家长和老师们会神奇地发现，原本世界充满了反抗与愤怒，现在却逐渐被爱与合作所取代。

由此可以看出，鼓励他人能给我们的人际交往带来诸多好处，那么在交往中，我们又该如何去鼓励他人呢？心理学家认为，很多人潜意识里认为鼓励是一件很简单的事，但实际上鼓励是需要刻意练习的技能。具体需要做到如下三点：

1.先学会自我鼓励

要想鼓励他人，先要进行自我鼓励。心理学家认为，一个没有积极性的人不可能去调动他人的积极性，一个没有信念的人不可能去调动他人的信念，一个失意彷徨的人不可能给他人决心和勇气。

所以，在鼓励他人之前，要先学会自我激励。从现在起，定好你的目标，调整你的计划，撇开消极悲观的负面情绪，开始行动吧。当你懂得从失败的经验中进行自我完善时，当你懂得如何在低谷中树立起勇气时，你身上的能量就足以温暖他人。

2.鼓励对方的行为，而不是笼统地赞美

有不少人认为鼓励就是赞美，这种想法是错误的，两者是不同的。

比如，孩子考了100分，我们常常这样夸孩子："你真棒，妈妈为你骄傲！"这是赞美。

而鼓励是这样的："你这次考了100分，与你考试前的认真复

习有关，这是你努力的结果。”

看到两者的区别了吗？在生活与工作中，很多人鼓励别人时，总是笼统模糊地赞美，事实上对方并不知道自己值得赞美的行为是什么，只知道好的结果令他人满意。所以，**赞扬认可的是结果，但会误导内在的判断力，而鼓励认可的是行为、努力和改进，可以提高观察、认知和陈述，帮助对方提升自我评价、前进动力和韧性。**

3.鼓励时要关注对方的积极面

在鼓励他人时，我们要关注对方的积极面，而避免关注消极面，避免把消极的词汇挂在嘴边，如“不要……”“这样是错的，你应该……”这样的句式强调了对方表现不好的方面。我们可以这样说：“如果你能按照这样的方法做……肯定会更棒！”“你的解题思路特别新颖，只要再提高一下准确率，就更好了。”

切记，要善于发现对方的闪光点，哪怕再糟的情况，也有值得称赞的地方。

总之，鼓励一个人，就是让他相信生命有无数可能性，这种可能性看不见，但却像种子一样在人的心中生根发芽，指引着我们走向成功。希望你之后的每一天都可以做到自我激励，也能毫不吝啬地去鼓励他人。

小测试：你是一个善于倾听的人吗

倾听是一种重要的沟通能力，倾听是成熟的人最基本的素质。你有足够的倾听能力吗？来做下面这个测试吧。

步骤一：答题

1. 你的一个下属对你说："我在完成你交代的任务时，遇到了一些问题。我收集了许多资料，但是我不知道如何综合起来突出重点。"你的回答：

A. 我理解你。这项工作对你来说的确很难，更何况你没有这方面的经验。

B. 我有个主意，你可以问问张霞，她有这方面的经验，她能帮你。

C. 如果我没有理解错，你是希望我帮你完成这项工作。

D. 我已经给你解释过如何做了，你必须努力去完成。

E. 你的综合概括能力不行。

F. 你是如何对收集的资料进行综合的？

2. 一个同事对你说："你看到今天小陈的表情没有？是不是又和老张吵架了？"你挺喜欢小陈的，所以你也挺不痛快，你可不希望她出错。你的回答：

A. 你有消息吗？到底是怎么回事？

B.你不用担心，我清楚小陈这个人，她会消气的。

C.你把这事看得太严重了，你不必扯进去。

D.你是在替小陈担心吗，因为她跟老张有分歧?

E.那么今天中午你跟小陈一起吃个饭吧，安慰她一下。

F.如果是小陈脸色不好，一定是跟老张吵架了，而且这次可能更严重。

3.你的一位员工对你说："我想今天上午早些下班，我必须到幼儿园接我的女儿。我的自行车拿去修理了，如果不早些走会来不及的。"你的回答：

A.可是这个月你已经是第三次要求早走了，这样对整个部门的运行不好。

B.你想早些下班，为的是去取修理的自行车。

C.你要早点下班吗?

D.去吧。这星期加些班，把工作补上就行了。

E.你需要我的许可，但可能可以早些下班。

F.这的确是件麻烦事，但应该可以解决。这样吧，早走1小时可以吗?

4.你的一位同事对你说，她已经是第四年做同样的工作了，烦死了。每天做同样的工作是很枯燥的，她虽然能够很好地完成工作，但是她希望有更好的机会，比方说能够证明自己新的能力的工作。你的回答：

A.经过四年的工作，你认为你已经掌握现在这个职位所需的一切能力了吗？

B.我理解你，现在的工作对你来说是很枯燥。

C.那么你对自己想做什么有一个明确的主意吗？

D.这么说，你是想换岗位吗？

E.我建议你和人事部主管谈一谈，考虑一下能不能换个岗位。

F.你没有耐心，我不认为你已经掌握了这个职位所需的一切能力。你再想想吧。

5.你的平级同事对你说，领导已经是第四次要求她做同一份工作了，她可不想做第五次了，领导不知道她到底想要什么吗？她认为还有许多其他的工作要做。你的回答：

A.没什么了不起的，你知道最近新领导间的关系不好，我们领导这段时间做事不太小心，时间长了就会好的。

B.冷静点，光生气也解决不了问题。

C.你知道要你重做的原因吗？

D.你是要我到领导那里帮你转达一下你的意见吗？

E.为什么你不在明天下午开会的时候把这个问题提出来？

F.你对我说你对领导不满意，是因为他已经是第四次要求你做同样的工作了，而你还有其他的事情要做。

6.你的一位同事对你说："天哪，我也不知道怎么跟你说，事情是这样的，那个新来的领导，你知道他怎么对待下属吗？他说他们整天没事可做，到处闲逛，说他们这段时间工作没有任何进展。"你的回答：

A.你应该和他谈谈。

B.你对新领导有意见，你对我说了，却觉得不好意思，是吗？

C.你有没有收到其他职员的抱怨？

D.你对他有意见，肯定是因为你没有替领导完成任务。

E.这样说一个新领导的坏话不是很好吧？

F.我为你感到不平。你的运气不好，希望时间能够改变他。

7.你的一位同事对你说："你有五分钟吗？是关于小卢的事。"你的回答：

A.当然了，我们应该坐下来讨论一下这件事。我能帮到你什么吗？

B.不，现在不行。14点可以吗？

C.又怎么了？

D.你有关于这件事最新的消息吗？

E.你肯定要跟我说这件事已经结束了。

F.你现在是要跟我谈有关小卢的事吗？

8.你的一个下属对你说，他很想参加一个关于管理方面的培训，比如如何激励和管理员工。你的回答：

A.很好呀！我欣赏你的态度，这说明你很有上进心，也能严格要求自己。

B.你和你的下属沟通有困难吗？

C.你认为通过培训能够提高你的管理能力吗？

D.很好，肯定能够找到一个合适的培训。我这里正好有些资料，你先拿去看看吧。

E.最好参加下个月单位安排的培训。我马上打电话给培训部，帮你安排。

F.我估计你希望参加培训的原因是大多数高管都曾经参加过类似的培训。

9.何女士是一家上市公司的职员，她对你说希望能够协调她的工作时间和私人时间，她工作任务很多，没时间做想做的事。她每天都要工作到很晚，甚至赶不上公交车。你听后的回答：

A.是的，你想要做什么事？

B.这么说，你希望住得和公司近一些？

C.有个好办法，能够协调工作时间和私人时间，那就是参加时间管理培训的课程。

D.坐公交车、上班、下班回家，看来你不适合这样的生活。

E.在大公司工作的人都这样，真的不容易。不过马上就有假期了，休息一下，会好的。

F.别这么想。这样会影响你的情绪的。

10.你向一位同事询问有关公司正在进行的中层干部调整的消息。他说："没什么特别的，不管我换什么职位，只要不解聘我，剩下的做什么都不关我的事。"你的回答：

A.只要不解聘你的职位，你应该没有什么特别意见。

B.你不必担忧。以你的资历，公司不会解聘你的。

C.如果你的职位有危险，你想怎么办？

D.如果要解聘你，你肯定不会这么说。

E.说吧，这件事肯定与你有关，你肯定有什么看法。

F.你应该关心这件事，不管怎么说，这件事对你很重要。

步骤二：统计

	1	2	3	4	5	6	7	8	9	10
A	支持	了解	判断	重组	支持	决定	支持	判断	了解	重组
B	决定	支持	重组	支持	判断	重组	决定	了解	演绎	支持
C	演绎	判断	了解	了解	了解	了解	判断	重组	决定	了解
D	判断	重组	决定	演绎	演绎	演绎	了解	支持	重组	演绎
E	重组	决定	演绎	决定	决定	判断	演绎	决定	支持	决定
F	了解	演绎	支持	判断	重组	支持	重组	演绎	判断	判断

步骤三：合计

总分＝（　　）个重组 ×6+（　　）个了解 ×5+（　　）个演绎 ×4+（　　）个支持 ×3+（　　）个决定 ×2+（　　）个判断 ×1=（　　）分。

步骤四：判断

15分及以下：不善于倾听；

16~30分：倾听能力一般；

31~45分：肯倾听；

46分以上：善于倾听。

所以，你目前的倾听状态是：(　　　　)

第八章

展开心理博弈，沟通无往不利

巧妙反驳，让对方不得不接受你的观点

在人际交往中，我们会遇到很多争执、辩论，并且通常不能直接地指出对方思想、观点或逻辑上的错误，因为这肯定会影响我们的人际关系，那么我们又该如何巧妙反驳对方，让对方愿意聆听我们的观点呢?

心理学家认为，巧妙反驳对方，可以使用如下几个技巧：

1. 以子之矛，攻子之盾

战国时期，有个人对曾子说“辩无胜”，意思是辩论的双方都不可能取胜。

曾子听后，对他说：“假设你这个‘辩无胜’的论点是对的，那么你胜了，如果是错的，那么自然是反对你的那方胜了，无论如何，总是有胜负的，怎么能说是‘辩无胜’呢？”对方顿时哑口无言。

在这个故事中，曾子以子之矛，攻子之盾，逆向反推，先假设对方的命题成立，而后又肯定自己的命题正确，最终让对方陷入自相矛盾之境。

2. 用事实来反驳

所谓事实胜于雄辩，用讲事实的方法来反驳对方的错误观点是最有力度的，能令人心服口服。一般来说，只需要举出与对方观点相反的事例，就能证明其论点的谬误。

一天，A和B在一起赏析王勃的千古名篇《滕王阁序》，A感叹道："王勃这样的才子居然20多岁就去世了，早慧的人容易早逝啊！"

B却对A的观点不敢苟同，他想了想，说道："唐朝的白居易小时候就很聪明呀，五六岁就能作诗，9岁通声律，他可是活到了74岁。还有北宋时期的司马光，他幼年时急中生智破缸救人，千百年来被人们视为慧光早现的神童，他也是活到了67岁呢。"

A听完后，哑口无言。

在这个故事中，B列举了两个名人的事例有力地反驳了A以偏概全的论点——早慧的人早逝，令对方心服口服。

权威效应：人贵言重

你知道什么叫权威吗？在家庭里，父母是孩子的权威；在学校里，老师是学生的权威；在公司里，领导是员工的权威；在社会中，专家是所在领域的权威。**心理学家认为：一个人要是地位**

高，有威信，受人敬重，那他所说的话及所做的事就容易引起别人的重视，并让他们相信其正确性，即“人贵言重”，这叫作权威效应，又称为权威暗示效应。

生活中，权威效应无处不在。给产品打广告时，请权威人物称赞此产品；说服他人时，引用权威人物的话语作为论据；书籍要出版时，请名人作序；酒店开业，请相关领导剪彩；哪怕是普通人物被媒体炒作后，也身价飙升，这就是权威效应产生的效果。

的确，在生活中，权威人物具备一定的号召力，人们将他们视作正确的楷模，不由自主地服从他们。许多人还认为，按照权威人物的要求去做，便不会出错，还会得到赞许和鼓励。**因此，心理学家认为，在说服他人支持自己的行为或观点时，合理地使用权威效应，可以节省不少精力，还能收获不错的效果。**

比如，在工作中，当同事质疑我们的做法时，可以暗示行动是上级的指示，这样对方也就不好说什么了；作为企业的领导，可以树立自己的威信，然后利用权威效应去引导和改变下属的工作态度和行为；需要对朋友解释某件事时，可以利用他喜欢的名人的话作为自己解释的佐证；取得某权威人士的认可及赞赏，或与他们合作，都可以让我们变得权威。

不过，心理学家提醒，权威效应是一把“双刃剑”，绝不能滥用。美国心理学家曾经做过这样一个实验。

老师在给学生们上课时，声称自己从国外请来了一位德高望重的化学家，并对这位化学家进行了一番吹捧。之后，这位化学家拿出了一个装满蒸馏水的瓶子，他告诉学生们，他最近新发现的一种化学物质有着特殊的气味，并让学生们依次闻这个瓶子，然后问他们是否闻出了味道，结果多数学生闻出了味道。试问一下，瓶子里装的是蒸馏水，水是无色无味的，为什么学生偏偏闻出了味道呢？

这个故事说明了权威效应具有迷惑性、盲从性。要知道，**权威是相对的，不是绝对的。权威人物也是凡人，他们的言行不一定都是对的，或多或少都受自身条件和时代的限制，所以我们不能盲目崇拜“权威”**。另外，生活中，拉大旗，作虎皮的人可不少，为了镇住别人，总是谎称自己和某名人认识、和某位领导是亲戚等，以此来树立自己的权威，殊不知自己已沦为他人的笑柄。

所以，与其崇拜、迷信权威，不如自己学会独立思考，只要我们足够努力、勤奋、自信，我们也可以从非权威变得权威。

利用心理定式，不知不觉间说服对方

很多人认为，在交流与谈判中，率先提出相反的意见可以凸显自己有主见。然而，心理学家却认为，交流中说“不”是很糟糕的开始。

国外有心理学家做过这样一个实验：他们通过长期观察，发现在交流中，当人们说出“不”字后，本性中的自尊不允许他们推翻之前的论点，哪怕明明知道自己错了，也会坚持下去。就好像陷入了一个怪圈，难以摆脱。

高青松正在和客户洽谈一个合作项目。

高青松对客户说道：“王总，对不起，这个价位太低了，我们都没有利润空间了，可以再高一些吗？”

王总：“这个价格已经不低了，市场的运营成本很高。”

高青松：“王总，我们已经合作过好几次了，我们的生产成本您也是知道的。”

王总：“不能这么说，合作是合作，交情是交情。”

高青松：“真的不能再低一些吗？”

王总：“不好意思，这个价格我觉得很合理。”

最终，高青松的谈判以失败告终。

在这个案例中，客户一直在说“不”。心理学家认为：人们天生有使自己的言行态度趋于一致的心理需求。一旦说了“不”，那么在之后的谈话过程中，持续说“不”的概率是非常高的，这也意味着我们的交流步入了僵局。心理学上把这种心理叫作心理定式效应，指的是有准备的心理状态能影响后继活动的趋向、程度以及方式。

由此，我们可以这样逆向思考，在交流中，能否制造出让对方“同意”的心理定式，使之服从我们的意见？当然可以，戴尔·卡耐基曾经说过：“跟别人交谈的时候，不要从双方的分歧开始，要以双方的共同点作为开始。”

具体应该怎么做呢？很简单，一开始沟通时，就要让对方说“是”，并且让对方持续说“是”，这样可使对方形成短时间内的心理定式，之后再引入正题，就会避免很多意见分歧，从而达成共识。

哈利是一家银行的出纳员。一天，有一个客户走进银行，告知哈利他想要开一个户。哈利把一份开户表单递给客户，让他先填写个人资料。但是这个客户拒绝了这个要求！

要知道，填写个人资料是开户的条件。按照以往的思路，哈利肯定会用专业的态度、专业的术语向客户解释填写个人资料的必要性，但是这会起到什么好的效果吗？很可能这个客户就流失了。

于是哈利用了另一种沟通方式——让客户说“是”。

他用温和的语气说道：“先生，很冒昧地问您，假设您遇到什么意外的话，您是否愿意银行把您的钱转给您的亲人？”

“当然！”这位先生回答道。

哈利接着问：“那么，您是不是要留下亲人的姓名及联系方式，以免到时候处理问题时发生什么延迟或差错？”

“是的。”客户的态度缓和下来了，之后他心甘情愿地填写了个人资料，而且还在这位出纳员的建议下，开设了一个以自己母亲为法定受益人的信托账户。

由此可见，通过制造对方不断说“是”的心理定式来使对方服从我们，是一种切实可行的沟通策略。而且，心理学家认为，当人们否定他人时，内心并不高兴；相反，当人们肯定他人时，还会给自己带来愉悦。由此来看，制造心理定式，让对方说“是”，真是一件两全其美的事情呢，你学会了吗？

三明治效应：巧妙消除沟通中的分歧

大家都吃过三明治，两片面包中间夹着奶酪或几片肉，是一种颇受上班族喜爱的食物。但是你听过“三明治效应”吗？这是心理学上的一个概念，指的是把批评的内容夹在两个表扬中间从而使受批评者愉快地接受批评的一种现象。

心理学家认为，在人际交往中，当我们对他人提出建议或忠告时，太直接的表达方式会令对方产生防御心理，从而导致对方听不进我们的话。这个时候如果我们运用三明治沟通法，即第一步先赞美、肯定对方，中间再提出我们的建议、忠告，最后再奉上期许，这样不仅能保护对方的自尊心，还能让对方积极地接受建议或忠告，从而改正自己的缺点。

三明治沟通法是一种正念的、感性的、充满创意的沟通策略，我们若能积极且准确地运用它，就能很好地改善我们与伴侣、家人、朋友、同事及客户之间的关系，巧妙地消除沟通中的分歧。

眨眼间又到了年末，兰兰回到了老家过年。几天后，兰兰深感回家就是一个错误，因为父母、七大姑八大姨都在对她逼婚，这令她极其苦恼。她真的很想一气之下告诉父母，她的事情不需要他们管！

然而理智告诉她，一定不能这样顶撞，否则更会激起父母的掌控欲，他们还会用大道理来压人，引发更严重的家庭矛盾。

那么应该怎么做呢？兰兰想起了自己搞心理研究的朋友，于是打电话咨询，朋友给她提供了一套与父母沟通时的说辞。

第二天，父母在饭桌上又开始念叨起来了，兰兰放下手中的筷子，温和地对父母说道：

“爸爸妈妈，我知道你们是为我着想，其实我比你们还着急呢。不过你们真的想要我急匆匆地找个人就嫁吗？身边很多早早结婚的人过得并不幸福，我想更慎重一些，这样的婚姻才会更牢靠，你们也才会更放心。”听完兰兰的话，父母果真没有再催促了。

故事中，兰兰就是准确运用了“先甜—后苦—再甜”的三明治沟通法，成功避免了和父母的争论。

只要知晓了三明治沟通法的特点，在实际生活中使用并不难，很容易就能掌握。不过，心理学家认为还是需要注意如下两点：

1.不能以牺牲自己的需求为代价

心理学家认为，当我们想运用三明治沟通法来消除和他人之间的分歧时，不能为了讨好对方而牺牲自己的原则和需求。要知道，任何良性健康的沟通都是建立在平等的基础上的。所以，请为自己设立界限吧。

2.及时检验效果

当你对他人使用三明治沟通法时，你的方法和技巧到位了吗？心理学家认为，检验批评是否起到了激励效果，要看对方听完话后的表情和态度。如果对方是垂头丧气的、郁闷的，说明批评的激励效果并不好；相反，如果对方是愉悦的、认同的，那么说明效果还不错。

总之，每个人的内心都有追求幸福、逃避痛苦的倾向，每个人都喜欢被赞扬和肯定，而又害怕批评，三明治沟通法可以提升我们的安全感、自我价值和爱！

抓住“从众心理”，让对方接受你的观点

在了解从众心理之前，我们先来看下面两个例子。

在公园，有一个男子走着走着，突然停了下来，看着天。路过的行人也都慢慢停了下来，昂着头看着天空。加入看天空队伍的人越来越多，然而天空中什么都没有。有个人实在忍不住了，就问男子在看什么。哪知男子说道：“噢，没什么，我流鼻血了，所以昂着头止血呢。”大伙愕然。

有新闻报道，某城市早上的一趟地铁到站后，车门刚打开，一个站在门口的男子便迅速冲了出去，他的速度非常快，而且还撞到了身边好几个人。看他着急忙慌的样子，大家以为发生了什么事，害怕得跟着冲了出来，这下好了，其他人看见了，也都跟着跑。就连地铁乘务员看见了，也吓了一大跳，以为真有什么事，也跟着跑了起来。然而事实真相令人啼笑皆非，那个男子只是因为尿急，着急上厕所，所以刚到站便冲了出去。他实在没想到，自己的行为会引发这样的结果。

这两个例子是生活中“从众心理”的真实写照。心理学上把这种个人的观念与行为由于群体的引导和压力，不知不觉或不由自

主地与多数人保持一致的社会心理现象叫作从众心理，也就是人们常说的“随大溜”。

心理学家认为，人都有从众心理。当你看到奶茶店门口排起长队时，你有没有想加入购买队伍的冲动，哪怕你并不了解这款奶茶？每年的双十一购物节，你有没有守着手机等着0点时刻的到来，就为了抢购心仪的特价产品？在超市的特价商品区，你有没有同他人一样争先恐后地去抢购你未必需要的商品？

那么，为什么会产生从众心理呢？心理学家认为，人是社会动物，不可能独立存在。当发现自己与群体中的多数人在言行及观点上有分歧时，会感觉到压力，并在这种压力的促使下，使得行为及言语与群体趋于一致，这样，他才算有了“安全感”。

若把“从众心理”投射到人际沟通中，会起到怎样的作用呢？心理学家认为，在人际交往中，想让对方遵从我们的意见，可以恰到好处地使用“从众心理”，同化对方。

那么，具体应该怎么操作呢？

1.渲染“大家都知道，就你还不知道”的氛围

小朵带着自己刚写完的小说去拜访出版社的一位领导，她希望通过这次沟通，让对方出版自己的小说。因此，小朵必须打起十二分的精神来，力求用新颖且极具吸引力的方式来介绍自己的作品。

“您看，每一章的后面都附有一个简单的心理测试，测试面很

广，一定会吸引读者的，现在网上单独购买这样的测试都要花不少钱呢。”小朵把稿子翻到自己最满意的地方说道。

“这个心理测试针对所有人吗？”出版社的领导问道。听到这里，小朵便翻开其中一个章节的测试，让领导当场做起来，果真，这个测试相当有意思，能揭示出人真实的心理。

“果真有趣，很多人在玩吗？”领导又问道。

“当然了，现在这套测试在国外特别火，很多心理专家都十分推荐呢，在我国刚开始流行，一些明星也在玩，有他们带头，肯定能火！”小朵立马回答道。

领导赞许地点点头。

最后，小朵看着拿到手的合作协议，露出了激动的笑容。

在这个案例中，小朵为了让出版社领导对自己的作品感兴趣，巧妙地渲染了一种“大家都知道，就你还不知道”的氛围，这种故意烘托出的氛围果然“同化”了领导，最终使他与小朵达成合作。

2.强调群体性

告诉对方，大家都在做（用）。

比如，某个男孩想买某个品牌的运动鞋，但又因为价格左右为难。这时，售货员可以说最近很火的偶像明星也穿了这一款鞋，时髦的男孩子都喜欢。男孩经过这番劝说，多半就不再犹豫，买下这双让他心动的运动鞋。

比如，休息室外面极其吵闹，一个女孩实在受不了了，便拉开门，对着门外喧闹的人群说道：“请保持安静，不然会打扰到大家的。”外面立刻安静了。试想下，如果女孩说“你们打扰到我了，请保持安静”，外面的人还会这么配合吗？

总之，想要说服对方，可以对他强调集体性，这样对方会产生被团队排斥之感，为了消除这种不安的心理，他会自觉调整自己的言行，直至与团队趋于一致。

接受协商法：让对方获得心理与情感的平衡

在人际交往中，当你想拒绝别人的要求时，你会怎么做呢？有一类人会选择直接拒绝，他们很懂得照顾自己的情绪，不会为难自己，但同时这样也很容易让对方下不来台，导致沟通失败；而有一些讨好型人格的人会下意识应承下来，他们更照顾别人的需求，而忽略了自己的情绪，不懂得拒绝，导致内心压抑；还有一种人，面对不合理的请求时，干脆保持沉默，不给予回复，一副拒绝沟通的姿态，殊不知，这样会加大人际关系的隔阂。

由此可见，想要拒绝或否定他人时，以上三种类型的解决方式都是不恰当的。**心理学家认为，想要做一个好的拒绝者，就要学会“接受协商法”。何为“接受协商法”呢？意思是别人向我们提出了请求，我们先不要急着拒绝，也不要一口应承，更不要置之**

不理，我们可以先表达愿意帮忙的意愿，如果发现请求令人为难，我们再用协商的方法来拒绝。

心理学家认为，接受协商法既是一种人际沟通技巧，也是重要的处世之道，更是一种圆融周到的沟通策略。因为比起冷冰冰的拒绝，先表达自己愿意帮忙的意愿，会让对方有一种被重视、被尊重的感觉，哪怕最后我们用协商的口吻道出自己的拒绝之意时，对方在心理和情感上也能理解，并且获得一种平衡。

下面的对话，采用的就是“接受协商法”。

快下班了，同事找到小刘，说道：“小刘，能帮我一个忙吗？”

小刘说：“当然可以了，是什么事呢？”

同事说：“是这样的，我刚接手一个项目，但是在文案方面还有些问题，你能不能帮我完成文案这个部分的内容呢？”

小刘：“这样呀，我很愿意帮你。但是我手上还有一个策划案要完成，领导三天后就要用呢，如果你不着急的话，三天后我再看看，可以吗？”

看到了吗？对话中小刘就完美使用了“接受协商法”，先答应对方，后用商量的口吻表达自己的想法和意愿，这样隐晦的拒绝更能让人接受。

那么，在人际交往中，该如何正确使用“接受协商法”呢？需要注意什么呢？

1. 耐心听完对方的要求

在与对方交流的时候，虽然他在讲述的过程中，我们就知道了必须拒绝他的请求，但我们依然要让对方把话讲完，这是对他的尊重，也更利于我们了解其请求的具体内容。

2. 明确告知时间

有的人在拒绝别人时，喜欢用“考虑考虑”作为托词，内心希望通过拖延时间让对方知难而退，其实这是错误的方式。

不能立刻当面拒绝，那么可以用接受协商法，比如：“我可以帮你的忙，但是三天后我才有空，你能等吗？”总之，要明确告知对方帮忙的时间，这样能表达自己的诚意。

3. 是否愿意向对方付出情感

心理学家认为，接受协商法通常运用在熟人之间，有着情感的联结，所以我们才需要拐弯抹角地拒绝。因此，什么时候使用接受协商法，完全取决于我们是否愿意向对方付出情感。

如果和对方不太熟，关系一般，那么面对他们的请求，及时拒绝就好，不用考虑太多，毕竟缺乏情感基础，无法产生情感共鸣，也很难收获情感反馈。

小测试：你的人际冲突处理能力如何

人际交往中发生冲突是难以避免的，学会以成熟的心态应对人际冲突，才能有效化解沟通的障碍。下面的一组测试可以帮助我们了解自己处理冲突的水平。答题时尽量按自己的真实想法一次填完即可。

1.办公空间有限，你不得不将一个精力充沛的供销专家安排在打字员办公桌旁。这位专家是公司的元老，工作一向出色，年薪也相当高；但他常迟到，不到休息时间便去喝茶小憩，桌上总是乱糟糟的，而这会给那位优秀的打字员造成不良影响，至于那些刚从学校毕业、工资较低的业务员更容易受影响，你将怎么做？

A.解雇专家。

B.如果打字员和业务员不守规章，就解雇他们。因为他们比熟练的供销专家容易找多了。

C.无选择。

2.你与一个下属离开一家餐馆，发现餐馆少找了你们3元钱。你收入颇丰，时间又宝贵，这时你怎么办？

A.这不只是钱的问题，这关系到原则问题。应该回去提出意见，拿回属于自己的钱。

B.忘掉这事。

C.叫下属去提意见。

D.无选择。

3.你是个从普通职员做起来的经理，你的工作很繁忙。同时你的部门有一系列复杂的日常事务，你知道自己比手下任何人都更胜任这些事务。那么，你选择下列哪种做法？

A.对每件具体工作事必躬亲。

B.把这些事分别派给几个下属去干。

C.无选择。

4.你知道这位可能成为你客户的人是个蝴蝶标本收集者，你有目的地拜访他。你拿出一个标本说："听说您是蝴蝶标本专家，这是我孩子捕捉到的一只蝴蝶，我把它带来是想请教您它是什么蝴蝶。"你预计可能发生哪种情形？

A.他会觉得你有些冒昧。

B.他会对你产生好感。

C.无选择。

5.你希望一位执拗的同事按你的建议去做，应该怎么办？

A.尽量使他相信这个建议至少有一部分是出自他的头脑。

B.只考虑这个建议会给你带来荣誉。

C.无选择。

6.假设自己是一家商店的经理，一位顾客闯入你的办公室，怒气冲冲地发泄不满，你意识到完全是她的错，应如何走第一步棋？

A.努力迁就她的错误看法，对她表示同情。

B.心平气和地向她指出其不满是误会造成的，不是商店的责任。

C.告诉她去找顾客意见部或专司此职的管理人员，如果要求是正当的，问题会得到解决，找你是没用的。

D.无选择。

7.有位女士来你店里买鞋，由于她右脚略大于左脚，总也找不到她能穿的鞋。你觉得应当解释一下，你将如何表达?

A.女士，您的右脚比左脚大。

B.女士，您的左脚比右脚小。

C.无选择。

8.你是老板，一名雇员向你提出有关提高效率的建议，他的建议是你过去自己想过并打算实施的。那么，下面哪种处理方法较好?

A.告诉他你真实的想法，但也对他给予充分的肯定。

B.闭口不提你以前的想法，只赞扬他的合作精神。

C.无选择。

9.下面哪种说法比较好?

A.我恰巧到附近办事，因此顺便来和你谈点事。

B.我专程前来找你谈这件事。

C.无选择。

10.你和一位才学高深、掌握数国语言的博士交谈，你会用怎样的态度?

A.很随意。

B.毕恭毕敬。

C.无选择。

测验提示

1B；2B；3B；4B；5A；6C；7B；8A；9A；10A。

与提示选择的一样记3分，无选择记1分，其他为0分。

测验分析

25~30分：人际冲突处理能力很强。不是靠盲目的鼓励，或不容分说的命令来解决问题，而是长于以情动人，以理服人，用高超的技巧来使目的得以实现。有资格成为一个大团体的领导者、管理者。

15~24分：冲突处理能力一般。平常情形下，能够以合理适度的方式使他人接受意见。但如果时间紧或情况特殊，往往会做出不当的决定。这说明可能不胜任大范围内关系的管理与协调。

0~14分：人际冲突处理能力很拙劣。不懂得在处理人际关系时因势利导的原则，对人的观察研究也不够，尤其忘记了自己的工作是处理这些关系，而让自己过分地投入进去，这就很难得心应手地运用技巧来协调好各方面的关系。

第九章

说话注意分寸，
避免触碰对方的心理禁区

“面子”原则：不要随意打击对方的荣誉感

林语堂曾说：“中国人的面子这个东西，无法为之下定义。它像荣誉，又不是荣誉。它比任何世俗的财产都宝贵。它比命运和恩惠还有力量，比法律还受人尊敬。”中国还有“人活一张脸，树活一张皮”“死要面子活受罪”这些俗语，也印证了面子对于中国人的重要性。

那么，如何来解释“面子”呢？**心理学家认为，面子是一个存在于复杂的社会关系中的概念，是每一个社会成员意欲为自己挣得的一种在公众中的个人形象。马斯洛需求层次理论中也曾提到人有受尊重、得到认可的需求，并把面子当成满足温饱问题后的核心诉求**。所以，面子文化的核心是自尊问题。

其实，说简单点，爱面子是一种天性，是正常的心理反应，而且面子文化也绝不是中国独有的，世界上任何一个人都希望能在他人面前保持尊严，得到尊重和肯定。那么，“面子”在社会活动中又发挥了怎样的作用呢？**富兰克林说过：保留他人的面子和自尊，是人际交往的底线。因此给他人留面子是人际交往的一条基本准则，也是人际关系的润滑剂。**

那么，你懂得如何给别人留面子吗？可以从以下几点做起：

1. 不要当众揭人短

何冲是一名刚毕业的大学生，目前在一家公司实习。一天，一位公司的前辈让他帮忙打印一份数据报表，何冲认为这是个非常好的学习机会，于是仔细研究起了这份报表。果然，他发现了其中的一处错误，非常兴奋，他在办公室里大声对着前辈说：“×××，快来看看，这份报表里出现了一个大错误！”大家的目光都看向了他，前辈也走过来，从他手中夺回报表，冷笑道：“刚来的小伙子，果真是聪明能干啊！一眼就瞧见了错误，了不得！”

何冲本以为自己做了好事，会受到大家的夸奖，没想到是这样的一个结果。

其实，指出错误本是一件对的事，何冲错就错在大庭广众之下指出他人的错误，丝毫没有顾及对方的面子与自尊，何况对方还是个前辈。相反，如果他私下找前辈指出这个错误的话，对方定会对他感激不尽。

同样地，如果我们要批评一个人，也最好私下批评，或者用委婉含蓄的方式来表达自己的建议。

心理学家认为，一种行为必然会引起相对应的反应行为。所以，给他人留面子，就是给自己行方便，能在不经意间巧妙地维护他人的面子，才是做人的高明之处。

2.善待别人的尴尬

如果别人出洋相了，我们在一旁看热闹、偷着笑，这是非常不礼貌的行为，是对对方的一种侮辱。

在美国一对新人的婚礼上，新娘不小心当众放了一个很响的屁，满堂宾客哄堂大笑，新娘羞愧至极，竟然心脏病突发猝死了。

由此看，我们应该善待他人的尴尬，比如对方走路摔了一跤、裤子拉链忘了拉、大庭广众之下犯了小错误等，我们应该多些同理心，不嘲笑他人。

当然，更好的做法是我们应该伸出援助之手，帮助对方解围，维护对方的面子，这样对方定会对我们感激不已。从此，我们的人生道路上，又多了一个朋友。

3.适度地赞美对方

楠楠总喜欢在闺蜜面前吹嘘自己的男朋友，比如一个月赚多少钱、领导有多器重他、给自己买了什么奢侈品、又买了一台车……

其实，楠楠吹捧自己的男朋友无非是想给自己争争面子，聪明的人定是看破不说破，并且还会跟着她的节奏，适度地赞美她男朋友几句，这样楠楠觉得脸上有光，就更开心了。我们赞美对方的同时，也赢得了对方的信赖。

其实，给对方留面子的方法还有很多，比如在其他人面前说对方好话，不和对方抢风头，主动祝贺对方的好事……时刻谨记，人人都爱面子，给别人面子，就是送给自己的厚礼。

收起抱怨，不做负能量的传播者

你身边有这样的人吗？或者你是这样的人吗？无论何时何地，总是在不停地抱怨，传播着负能量：

“今天天气真热，一点精神也没有，好烦呀！”

“我真的好讨厌下雨天，心情都要跟着发霉了。”

“我怎么这么倒霉呀，如果我不去那家店，就不会丢200元了。”

“如果我当初选了另外一个追求者，还至于过成现在这样吗？”

在这些人看来，生活似乎总是跟他们过不去，仿佛天生晦气，喝凉水都会塞牙。然而命运总有许多无奈的地方，世间能让我们如愿以偿的事情很少。那为什么有的人就能发现生活中的美好，以积极的心态面对每一天？而有的人却总是抱怨，一开口就是负能量呢？**心理学家认为，一个人心里想的是什么，现实中就会有什么反应。你若想的是改变命运，那么现实中就会付诸行动；你若自怨**

自艾，那么生活中就充满了抱怨、指责、批评。看事情的角度不一样，高度就不一样，结果也就不一样。

很多优秀的人把抱怨看作是最没有用的行为之一，他们认为抱怨是弱者的借口，是出于对自己无能的厌憎，只不过他们不愿意承认这一点，因此把矛头指向外界，以此降低自己内心的负疚感。

抱怨虽是个人行为，但抱怨的负能量会辐射身边的每一个人，带来严重的伤害。它会让你把抱怨当成本能、当成日常，把找缺陷、找问题变成下意识的直觉反应；它会把你身边积极向上的朋友推开，让你变得孤立；它会感染你身边意志不坚定的朋友，降低他人的斗志，共同坠入黑暗的深渊……

由此可见，学会不抱怨是建立高效的人际关系的重要法则之一，也是正确管理情绪的方法之一。**美国社会心理学家费斯汀格提出了一个著名的法则，叫“费斯汀格法则”，指的是生活的10%是由发生在你身上的事情组成，而另外的90%则是由你对事情做出的反应所决定。换言之，我们无法控制生活中的10%，但其余的90%却是我们所能掌控的。**如果我们能用积极的心态看问题，正确管理情绪，让事情朝着有利的一面发展，那我们就是一个成熟的人。

具体怎么做，才能改变抱怨的习惯呢？心理学家认为可以从以下三点做起。

1.学会微笑，每天给自己打气

经常抱怨的人实则是内心缺乏一种正能量。这种正能量可以通过接触正能量的人获取，但是也可以自我给予。因此，每天早上起床，对着镜子练习微笑，告诉自己，今天又是美好的一天。长此以往，负能量就会渐渐远离你。

有一位司机长期处于抱怨的生活状态．整个人严重缺乏锐气，他抱怨糟糕的天气、微薄的收入、永远在堵车的路况，每天他的心情都差到了极点。

偶然有一天，他决心改变自己的状态，他停止了抱怨。

第一年，他学着对每一位顾客微笑。这一年，他的收入翻了一倍。

第二年，他开始发自真心地关心乘客的喜怒哀乐，并试着宽慰他们。这一年，他的收入又翻了一倍。

第三年，他被评为五星司机。要知道，这是行业内的一项极高的荣誉，全国五星司机寥寥无几。他的收入自然又提高了，随之上涨的还有他的人气，想坐他的车，要电话预约。

所以，停止抱怨，从现在起开始改变。

2.练习寻找正向的能力

当你下意识要抱怨时，马上询问自己，除了糟糕的一面，我能不能寻找到积极正向的一面？

比如，你要出门，却发现下雨了，心情顿时变得糟糕，但是转念一想，也许能看到彩虹呢。

比如，当你和同事发生争吵时，你感到很沮丧，但是转念一想，这也许能考验自己处理矛盾的能力。

比如，孩子考砸了，你正想大发雷霆，但是转念一想，正好利用这个时间倾听孩子的心声，帮助孩子发现问题，争取下一次进步。

比如，当发现所有的事情都变得很糟糕了，你不如反过来想，事情已经坏到底了，物极必反，好事情就要来了。

…………

所以，停止抱怨吧，努力发现生活中的美好，当你用一颗自信积极的心面对这个世界时，相信我，好运气即将来临。

3.远离你身边的负能量朋友

社会科学家通过大量的案例分析、几十年的研究发现：我们和身边人的联系远远比我们想象中的还要神奇和紧密，从生理到心理，还包括胖瘦和情绪等方面。

这作何解释呢？他们给出了这样的答复：**如果你的朋友们超**

重，你肥胖的可能性就会高出45%；如果你朋友的朋友有肥胖症，你患肥胖症的可能性就会高出10%，为什么呢？因为他们会通过你的朋友来影响你。还有情绪，情绪之间是可以互相传染的。如果你对你的朋友微笑，他也会微笑；如果你的朋友充满活力的话，那么你也会受到传染的。

负能量和正能量是两个极端。很多时候，这两股力量在互相博弈。负能量赢了，就会吸走人身上的正能量。所以，乐观积极的人即使有强大的包容力，也不会接近那些经常抱怨的人。所以，想成为一个不抱怨的人，就远离身边的负能量，久而久之，你就会融入正能量的朋友圈。

最后，用一句话和大家共勉：世界上最宽阔的是海洋，比海洋更宽阔的是天空，比天空更宽阔的是人的心灵。

停止惹人生厌的过度表现

人们都喜爱自由，喜欢无拘无束，畅所欲言。不过人们发现，自律者方能自由。这一点同样适用于社交活动中。心理学家认为：在人际交往中，分寸的把握非常重要，过度表现会引人生厌。

下面告诉大家人际交往中的五大“过度”禁忌，避免踩雷，才能在社交活动中如鱼得水。

1.避免过度热情

不少刚开始和对方交往的人，总是全心全意为对方做事，不求回报，认为这样可以让彼此的关系更融洽。事实上并非如此，中国有句话叫“滴水之恩，涌泉相报”，这是为了平衡社交关系的一种做法。因为太过热情，会给对方造成心理压力，久而久之，受惠的一方会想逃离施惠的一方，毕竟没有人想长期生活在压力之中。

心理学家霍曼斯曾提出，人与人之间的交往本质上是一种社会交换，要遵循功利原则，即人们都希望在交往中自己得到的不少于所付出的。同样，如果得到的大于付出的，也会令人们心理失去平衡。

所以，如果你想和别人保持长久的关系，那就不要过度热情，给对方留一些余地，帮助对方的同时也给对方回报的机会，这样彼此才能畅快地交往。

2.避免过度客气

在人际交往中，客气是一种礼节，同时也体现了一个人的修养，但是过度客气却会适得其反。在很多人看来，过度客气代表了疏远、冷漠和拒绝，潜台词是我不想和你有太多的接触。尤其在很亲近的关系中，过度客气会让对方很受伤害，让对方误认为你并不喜欢这段关系，时间长了，双方感情必定会疏远。

心理学家认为，人际交往中，适当的心理暴露是很有必要的，我们也需要接受他人的善意和帮助，只有这样，关系才能更上一层楼。

3.避免过度倾诉

我们都知道适当的倾诉可以有效缓解压力，排解不良情绪。然而在人际交往中，过度倾诉容易引起别人的厌烦。在这个竞争日趋激烈的社会，每个人过得都不轻松，生活中有很多事情需要去做、去解决。如果我们频繁找人倾诉，吐槽生活中的不如意，那么对方势必牺牲很多的时间和精力，这会给对方造成很大的困扰。而且倾听不是一件容易的事，对方还要对你的情绪做出反应，实在是一件累人的事情。

而对方之所以愿意倾听你，无非是因为你们的关系比较好。然而物极必反，如果过分透支这份关系，双方难免会因此疏远。

4.避免过度分享

你是不是对朋友圈经常晒娃、秀恩爱、发心灵鸡汤的朋友非常反感?

其实在人际交往中，过度分享自己是非常不适宜的，是一种不理智的行为。而且你分享的内容其他人也许并不感兴趣，强行分享别人不感兴趣的事终会遭人反感。

另外，过多地分享自己等于过多地暴露自己的底牌，是一种不懂得自我保护的行为，很容易被人抓住弱点，被有心人利用，从而失去主动权。

5.避免过度干涉

在人际交往中，有些人总有这样的错觉：我和他关系这么好，我有义务帮助他成长，避免他误入歧途。因此有些人习惯性地对别人的事情指手画脚，强迫对方接受自己的观念。心理学家认为，这种过度干涉别人的行为是不可取的，哪怕是面对最亲的人，我们也不应该把自己的想法和观点强加到对方身上，每个人都是独立的个体，你认为好的东西，也许不是对方所需要的。

因此，如果你真的爱你的朋友和家人，就不要强行干涉对方的选择，也不要强行分享自己的观念。

假设你是一个素食主义者，请不要强迫对方跟你一样吃素；

假设你讨厌看婆婆妈妈的电视剧，请不要对家人的这个喜好指指点点；

…………

我们要学会尊重他人的选择。

总之，成年人的社交，过犹不及。懂得点到为止，才是高明的做法。

保龄球效应：同样的话换个角度说更中听

在了解保龄球效应之前，先来看下面两个例子。

> 一家健身馆，有两位风格迥异的健身教练。其中一个经常对学员说："你这减肥的进度太慢了，还要加强训练。""做负重有一段时间了，你这体形还差得远。"而另一个教练则经常说："加油哦，比我上次见到你时瘦了些。""你的体形越发好了。瞧，肌肉都隐约出现了。"这两个教练你更喜欢哪个呢？实际上第二个教练的身边总是围绕着一圈人。
>
> 一位女性对着闺蜜吐槽："我真的非常讨厌我老公。我辛辛苦苦把家里打扫干净，满以为他会说句辛苦了，没想到他却说我打扫得不够干净；我辛辛苦苦把饭做好，他却挑剔我盐放得太多；我切菜的时候不小心切到手，他还说我毛手毛脚……我真的受不了他了，他总是用放大镜在挑剔我的错误。"

第二个例子中的丈夫和第一个例子中的第一个教练有个共同点：无论对方做得有多好，他们总是盯着对方没做到的那部分。而第一个例子中的第二个教练则总是看到学员取得进步的那部分。这两个例子就是行为科学中"保龄球效应"的真实写照。

两名保龄球教练分别训练各自的队员。他们队员的成绩都是一球打倒7只瓶。

教练甲对自己的队员说："很好！打倒了7只。"他的队员听了教练的赞扬很受鼓舞，心里想，下次一定再加把劲，把剩下的3只也打倒。

教练乙则对他的队员说："怎么搞的！还有3只没打倒。"队员听了教练的指责，心里很不服气，暗想，你咋就看不见我已经打倒的那7只。

结果，教练甲训练的队员成绩不断上升，教练乙训练的队员打得一次不如一次。

这就是保龄球效应，同样的事件，在不同的人面前，说辞不同，结果就如此不同。

在人际交往中，保龄球效应无处不在，消极的人总是用放大镜去挑剔他人的缺点，然后抱怨、指责，心理学上把这种行为称为负面激励，也叫负面刺激。而积极的人却总能在对方的行为中发现闪光点，并加以鼓励，心理学上把这种行为称为正面激励。

那么负面刺激与正面激励分别会给对方带来怎样的结果呢？心理学家研究证明：受到消极刺激的人为了避免犯错误（因为一犯错误就会被批评），就会想方设法逃避工作或学习，因为在他们看来，做得越多，错得越多。而受到正面激励的人则会更努力地面对工作或学习，并把身上的闪光点放大成耀眼的光辉，从而"挤掉"

身上的不良行为。

由此看，正面激励的效果要远远大于负面刺激。在人际交往中，我们就应该从正面的、积极的角度去看待和评价对方。

● 如果你是一名管理者，你会用85%的时间和精力来关注员工的消极面，还是用85%的时间和精力来关注员工的积极面？

美国钢铁大王安德鲁·卡内基选拔的第一任总裁查尔斯·史考伯说：**“再也没有比上司的批评更能抹杀一个人的雄心……我赞成鼓励别人工作。因此我急于称赞，而讨厌挑错。如果我喜欢自己什么的话，就是我诚于嘉许，宽于称道。”**

放下挑剔的眼光，去鼓励你的员工吧，他们将在鼓励中成长为越来越棒的人，你的企业终将受益无穷。

最后，希望你传播正能量，也收获正能量。

杜绝“辩论心理”，不要总是在言语上和人一争高下

你身边有没有这样一种人：

无论遇到什么事情，他们总喜欢与人争论，生活中的所有事情都可以成为他们争论的话题，小到家里的钱该谁管，大到国际争端，只要起了话题，他们就条件反射性地投入到争论中，不争个高下不罢休。在争论的时候，他们气势凌人，不依不饶，咄咄逼人，就像一只好斗的公鸡，不把对方逼得哑口无言誓不罢休，只

要对方偃旗息鼓，他们就认为自己胜利了。

王蒙曾写过一篇小小说《雄辩症》：

一位医生向我介绍，他们在门诊中接触了一位雄辩症病人。

医生说：“请坐。”

病人说：“为什么要坐呢？难道你要剥夺我的不坐权吗？”

医生无可奈何，倒了一杯水，说：“请喝水吧。”

病人说：“这样谈问题是片面的，因而是荒谬的。并不是所有的水都能喝，例如你如果在水里掺上氰化钾，就绝对不能喝。”

医生说：“我这里并没有放毒药嘛。你放心！”

病人说：“谁说你放毒药了呢？难道我诬告你放了毒药？难道检察院起诉书上说你放了毒药？我没说你放毒药，而你说我说你放了毒药，你这才是放了比毒药还毒的毒药！”

医生毫无办法，便叹了口气，换一个话题说：“今天天气不错。”

病人说：“纯粹胡说八道！你这里天气不错，并不等于全世界在今天都是好天气。例如北极，今天天气就很坏，刮着大风，漫漫长夜，冰山正在撞击……”

医生忍不住反驳说：“我们这里并不是北极嘛。”

病人说：“但你不应该否认北极的存在。你否认北极的存在，就是歪曲事实真相，就是别有用心。”

医生说：“你走吧。”

病人说："你无权命令我走。这是医院，不是公安机关，你不可能逮捕我，你不可能枪毙我。"

…………

故事真是令人啼笑皆非，面对医生，这个雄辩症患者句句反驳，字字雄辩，却忘记了他的真正目的是看病。

为什么有人这么喜欢与人争辩呢？心理学家认为这其实是人的一种天性，人们喜欢在各方面占上风，当有不同的声音质疑、反对我们时，我们会不由自主地通过言语来压制反对的声音，从而起到维护自己的目的。

但是，心理学家也认为，始终要在言语上胜过别人，不仅妨碍真正的思想交流，在人际交往中还极易树敌，导致关系恶化。不仅如此，当一个人力争在口舌上碾压别人时，就忘记了说话的真正目的是沟通，此刻他只想战胜他人。

而这样的胜利真的有用吗？也许获得了短暂的快感，但是从长远来看，我们失去了对方的信任、尊重、理解，还有体贴，可谓是得不偿失，这在亲密关系中尤其明显。

敏敏和丈夫坐在沙发上看电视，丈夫随口说道："周末去我妈家吃饭吧，我妈说我们工作都挺辛苦的，周末做顿好的，让我们补补。"

敏敏听完后，嗤笑一声："你妈这意思是我平常虐待你了呗，没给你做过好饭。”

丈夫皱了皱眉：“我妈不是这个意思，你别瞎想，能不歪曲别人的意思吗？”

敏敏火气上来了：“你妈怎么不是这个意思了？要去你自己去，我还想去我妈家吃饭呢。”

丈夫声音也高了：“上周，还有上上周就去了你家，这周也该轮到我家了吧！”

就这样，一场口舌之争开始了。两人你一言我一语，谁都不肯退让，可谓是针尖对麦芒。后来敏敏跑回娘家去了，丈夫也不搭理她，双方家长劝说无效，一场婚姻岌岌可危。

试想一下，这样的口舌之争有什么意义呢？双方都不是建设性地协商问题，而是要争个你强我弱，这样换来的结果是两败俱伤。

可见，总想在言语上一争高下，非智者所为。作家李小墨曾说：“始终要在言语上胜过他人，是我见过的情商最低的行为。”学者曹政钧在书中写道：“凡是喜欢争辩的人，注定要引来更多的麻烦和争辩，真正善辩的人是能够合理地避免争辩，达到说服的目的。”

在日常的交流中，频繁问自己如下四个问题，有助于我们走出争论的陷阱。

1. 我又陷入争论了吗？

时常关注自己与他人沟通时的情绪以及氛围，及早发现并消除争论的苗头。

2. 这件事重要吗？

你和对方争论的事情有对错吗？牵扯到了原则问题吗？如果只是鸡毛蒜皮的小事，何不让让对方？在恰当的时候停止，把无谓的胜利让给对方，是一种高情商的行为。

3. 我一定要现在争论吗？

如果可以，不妨先把事情放一放，等到情绪稳定时，再进行更为理智的沟通。

4. 我一定要争赢他吗？

如果不是辩论赛，又何必在意结果呢？每个人都可以有自己的观点，何必咄咄逼人？就算你是对的，又何必得理不饶人？退一步吧！退一步海阔天空，你的豁达将为你收获好人缘。

避免“野马效应”：别因为小事对他人大动肝火

早上出门前，兰兰催促儿子快点洗漱，准备上学。可是她看到儿子磨磨蹭蹭、拖拖拉拉的样子，一股火噌地上升，便控制不住地把儿子臭骂了一顿。发泄完之后，看到儿子惊恐的眼神和委屈的眼泪，她心里又感到懊悔。

一出门，丈夫又打电话问她领带、袜子放在哪里了。她心想，这是怎么了？这个地球离了谁不能转了？我又不是他们父子俩的老妈子，凭什么事情都是我管？兰兰的愤怒情绪在不断发酵，于是在电话里扯着嗓子吼了一顿。挂了电话，兰兰看到有路人在有意无意地瞄着她，心头感到一阵无力，这日子怎么就这么烦呢？

到了办公室，兰兰刚坐下，喝了杯水，领导来了，问她策划案准备得怎么样了？她想：昨天下班后安排的工作，说好了今天做，怎么一上班就开始催促了？每次发奖金的时候怎么没这么积极……她简直想把手里的这杯水泼到领导的脸上。

天天如此，兰兰感觉自己快要疯了，总是为小事生气，看谁都不顺眼，还时常感到胸闷气短、胸部胀痛。去医院检查，医生说她患上了乳腺增生，就是因为平常爱生气导致的，并叮嘱她要学会控制自己的情绪。

你在工作、生活中是这样的吗？常常被一些琐碎的小事点燃情绪，从而大动肝火，甚至引发身体上的不适。心理学家把这种因小事而大动肝火，以致因别人的过失而伤害自己的现象称为“野马效应”。

非洲草原上有一种吸血蝙蝠，它们靠吸食野马的血而生存。而当它们吸附在野马腿上时，野马总是控制不住地愤怒，于是试图通过剧烈地奔跑来甩掉身上的吸血蝙蝠，然而不管野马如何暴躁、愤怒，吸血蝙蝠依旧纹丝不动。没多久，野马筋疲力尽，被折磨而死。

动物学家发现，吸血蝙蝠尽管靠吸食野马的血生存，但是所吸的血量极少，远不足以使野马死去。野马是因为剧烈的情绪反应而死亡的，吸血蝙蝠只是外界的诱因罢了。

野马效应带给我们的启示是，如果学不会掌控自己的情绪，那么人生就会变得无法掌控。我们经常在电视剧中看到这样的桥段：某人因为一件事情怒火攻心，导致猝死。

这绝不是虚构的情节，据研究，在所有的情绪中，暴怒是最常见的致死情绪，接下来是震怒、恐惧、绝望等，这些情绪能导致人在危急时猝死。

生活中还有辅导孩子作业的家长，因为控制不住自己愤怒的情绪，而导致脑梗住院。很多家长也调侃，只要一辅导作业就控制不住发火，严重的甚至需要就医。

由此可见，因为小事暴跳如雷，会严重危害我们的身心健康。不仅如此，暴怒下的情绪发泄对人际交往也是不利的，会严重危害我们的人际关系。

仔细想想，你发火的对象大多是谁？是妻子（丈夫）？孩子？还是父母？不管你承不承认，大多数人的发怒对象都是身边最亲近的人。为什么我们能做到对外人谦恭，却对身边的人缺乏包容心呢？是因为无论你怎么发火，亲人都会原谅你，包容你，所以才这么肆无忌惮吗？**心理学家认为，这是一种低情商的行为，如果不控制自己的脾气，最亲的人也会离我们越来越远。**

那么，情绪失控最本质的原因是什么呢？心理学家认为，人类情绪与过激行为的产生，往往由三种思维导致：一是恶性思维，即脑海中把事情灾难化。比如案例中的兰兰，她早上催促孩子，心里想的肯定是，孩子迟到了，自己上班也就迟到了，会导致全勤奖被扣。这种恶性思维模式会引发焦虑情绪。二是“你应该”模式。这种人总是习惯用自己的标准来要求他人，比如兰兰认为丈夫应该处理好自己的事情，别什么都依赖他人。而其他人又是很难掌控的，这种失控之感会引发焦虑和愤怒。三是“我应该”模式，这种人对自己的要求很高，如果实际能力没达到预期，就会产生沮丧、自卑、无力之感。

那么，有什么控制坏情绪的小妙招吗？

有！**心理学家认为，情绪化的人可以通过训练提升钝感力，来调整自己的过激情绪，从而提升幸福感。**什么是钝感力呢？钝感力是日本作家渡边淳一提出的概念，指的是迟钝的力量，但跟我们往常理解的“迟钝”不一样，它是针对敏感度而提出的。生活中敏感度高的人易受伤害，因此他提出的钝感力是指对于困境的一种耐力，是一种积极向上的人生态度。

可以通过学习钝感力的五项铁律来提升自己的钝感力：迅速忘

却不快之事；认定目标，即使失败也要继续挑战；坦然面对流言蜚语；对嫉妒讽刺常怀感谢之心；面对表扬，不要得意忘形。

管理情绪就是管理人生的开始，不要把自己变成一匹失控的野马，学会掌控自己的情绪，才能让幸福常驻心间。

小测试：你的沟通情商有多高

情商（EQ），是人际交往中必不可少的一部分。情商又称作情绪智力，它主要是指人在情绪、情感、意志、经受挫折等方面的品质。总的来讲，人与人之间的情商并无明显的先天差别，更多与后天的培养息息相关。通过对以下10道题的回答，你可以获得一个关于自己EQ的概括性评价。

现在，请静下心来，诚实地回答下面的测试题。一定要按照你真正会去做的回答，而不要试图用做选择题的技巧去猜哪一个才是对的。

1.坐飞机时，突然感受到很大的震动，你开始随着机身左右摇摆。这时候，你会怎样做呢？

A.继续读书或看杂志，或继续看电影，不太注意正在发生的骚乱。

B.注意事态的变化，仔细听空乘人员的广播，并翻看紧急情况应对手册，以防万一。

C. A和B都有一点。

D. 不能确定——根本没注意到。

2. 带一群4岁的孩子去公园玩，其中一个孩子由于别人都不和他玩而大哭起来。这个时候，你该怎么办呢？

A. 置身事外——让孩子们自己处理。

B. 和这个孩子交谈，并帮助他想办法。

C. 轻轻地告诉他不要哭。

D. 想办法转移这个孩子的注意力，给他一些其他的东西让他玩。

3. 假设你是一个大学生，想在某门课程上得优秀，但是在期中考试时却只得了及格。这时候，你该怎么办呢？

A. 制订一个详细的学习计划，并决心按计划进行。

B. 决心以后好好学。

C. 告诉自己在这门课上考不好没什么大不了的，把精力集中在其他可能考得好的课程上。

D. 去拜访任课教授，试图让他给你打高一点的分数。

4. 假设你是一个保险推销员，去访问一些有希望成为你的顾客的人。可是一连访问了15个人都只是对你敷衍，并不明确表态，你变得很失望。这时候，你会怎么做呢？

A. 认为这只不过是一天的遭遇而已，希望明天会有好运气。

B. 考虑一下自己是否适合做推销员。

C. 在下一次拜访时再做努力，保持勤勤恳恳的工作状态。

D. 考虑去争取其他的顾客。

5.你是一个经理，提倡在公司中不要搞性别歧视。一天你偶然听到有人正在开有关性别歧视的玩笑。你会怎么办呢？

A.不理它——这只是一个玩笑而已。

B.把那人叫到办公室去，严厉斥责他一顿。

C.当场大声告诉他，这种玩笑是不恰当的，在你这里是不能容忍的。

D.建议开玩笑的人去参加一个有关反对性别歧视的讲座。

6.你的朋友开车时别人的车突然危险地抢到你们前面，你的朋友勃然大怒，而你试图让他平静下来。你会怎么做呢？

A.告诉他忘掉它吧——现在没事了，这不是什么大不了的事。

B.放一段他喜欢听的音乐，转移他的注意力。

C.一起责骂那个司机，表示自己站在朋友这一边。

D.告诉他你也曾有同样的经历，当时你也一样气得发疯，可是后来你看到那个司机出了车祸，被送到医院急救室。

7.你和伴侣发生了争论，两人激烈地争吵；盛怒之下，互相进行人身攻击，虽然你们并不是真的想这样做。这时候，最好怎么办呢？

A.停止20分钟，然后继续争论。

B.停止争吵，保持沉默，不管对方说什么。

C.向对方说抱歉，并要求他也向你道歉。

D.先停一会儿，整理一下自己的想法，然后尽可能清楚地阐明自己的立场。

8.你被分到一个单位当领导，想提出一些解决工作中烦难问题的好方法。这时候，你第一件要做的事是什么呢？

A.起草一个议事日程，以便充分利用和大家在一起讨论的时间。

B.给人们一定的时间相互了解。

C.让每一个人说出对于解决问题的想法。

D.采用一种创造性的发表意见的形式，鼓励每一个人说出此时进入他脑子里的任何想法，而不管该想法有多疯狂。

9.你3岁的儿子非常胆小，实际上，他从出生起就对陌生地方和陌生人有些神经过敏或者说有些恐惧。你该怎么办呢？

A.接受他具有害羞气质的事实，想办法让他避开他感到不安的环境。

B.带他去看儿童精神科医生，寻求帮助。

C.有目的地让他一下子接触许多人，带他到各种陌生的地方，克服他的恐惧心理。

D.设计渐进的系列挑战性计划，每一个相对来说都是容易对付的，从而让他渐渐懂得他能够应付陌生的人和陌生的地方。

10.多年以来，你想重学一种你在儿时学过的乐器，当时是为了考级而现在只是为了娱乐。你想最有效地利用时间来学习，你该怎么做呢？

A.每天坚持严格的练习。

B.选择能稍微扩展能力的有针对性的曲子去练习。

C.只有当自己有情绪的时候才去练习。

D.选择远远超出你目前的能力但通过勤奋的努力能掌握的乐曲去练习。

测试题答案及解释

1.除了D以外的任何一个答案。

选择答案D反映了你在面临压力时经常缺少警觉性。

A=20，B=20，C=20，D=0。

2. B是最好的选择。

情商高的父母善于利用孩子情绪状态不好的时机对孩子进行情绪教育，帮助孩子明白是什么使他们感到不安，他们正在感受的情绪状态是怎样的，以及他们能进行的选择。

A=0，B=20，C=0，D=0。

3. A，自我激励的一个标志是能制订一个克服障碍和挫折的计划，并严格执行它。

A=20，B=0，C=0，D=0。

4. C为最佳答案。

情商高的一个标志是面对挫折时，能把它看成一种可以从中学到东西的挑战，坚持下去，尝试新的方法，而不是放弃努力，怨天尤人，变得萎靡不振。

A=0，B=0，C=20，D=0。

5. C，形成一种欢迎多样化的气氛的最有效的方法是公开挑明这一点。

当有人违反时，明确告诉他你的组织的规范不容许这种情况发生。不是力图改变这种偏见（这是一个更困难的任务），而只是让人们遵照规范去行事。

A=0，B=0，C=20，D=0。

6. D，有资料表明，当一个人处于愤怒状态时，使他平静下来的最有效的办法是转移他愤怒的焦点，理解并认可他的感受，用一种不激怒他的方式让他看清现状，并给他以希望。

A=0，B=5，C=5，D=20。

7. A，中断20分钟。

这是使愤怒引起的生理状态平息下来的最短时间。否则，愤怒的状态会歪曲你的理解力，使你更可能出口伤人。平静了情绪后，你们的讨论才会更富有成效。

A=20，B=0，C=0，D=0。

8. B，当一个组织的成员之间关系融洽、亲善，每一个人都感到心情舒畅时，组织的工作效率才会高。在这种情况下，人们才能自由地做出他们最大的贡献。

A=0，B=20，C=0，D=0。

9. D，生来带有害羞气质的孩子，如果他们父母能安排一系列渐进的针对他们害羞的挑战，并且这种挑战是能逐个应付得了的，那么他们通常会变得喜欢外出起来。

A=0，B=5，C=0，D=20。

10. B，给自己适度的挑战，最有可能激发自己最大的热情。这既能使你学得愉快，又能使你完成得最好。

A=0，B=20，C=0，D=0。

请把10道题目得分相加，即是你的总分。

最高分数为200分，一般人的平均分为100分，如果你在25分以下，最好另找个时间重测一下。

图书在版编目（CIP）数据

话题终结星人自救指南：心理学让你学会高情商沟通 / 吴晓磊著．—北京：中国法制出版社，2020.10

ISBN 978-7-5216-1353-7

Ⅰ．①话…　Ⅱ．①吴…　Ⅲ．①心理交往－通俗读物
Ⅳ．① C912.11-49

中国版本图书馆 CIP 数据核字（2020）第 198255 号

策划编辑：孙璐璐（cindysun321@126.com）

责任编辑：李　佳　刘　阳　　　　封面设计：汪要军

话题终结星人自救指南：心理学让你学会高情商沟通

HUATI ZHONGJIEXING REN ZIJIU ZHINAN：XINLIXUE RANG NI XUEHUI GAOQINGSHANG GOUTONG

著者 / 吴晓磊

经销 / 新华书店

印刷 / 三河市国英印务有限公司

开本 / 880 毫米 ×1230 毫米　32 开　　　　印张 / 8.5　字数 / 168 千

版次 / 2020 年 10 月第 1 版　　　　2020 年 10 月第 1 次印刷

中国法制出版社出版

书号 ISBN 978-7-5216-1353-7　　　　定价：39.80 元

　　　　值班电话：010-66026508

北京西单横二条 2 号　邮政编码 100031　　　　传真：010-66031119

网址：http://www.zgfzs.com　　　　**编辑部电话：010-66054911**

市场营销部电话：010-66033393　　　　**邮购部电话：010-66033288**

（如有印装质量问题，请与本社印务部联系调换。电话：010-66032926）